Astrid Eulalie

Le Petit Livre pour vivre heureux comme un chat

W0402783

FIRST ÉDITIONS

Une partie de cet ouvrage a déjà été publiée dans *La Minute chat*, Éditions First, 2018.

ISBN : 978-2-412-08880-7
Dépôt légal : juin 2023
Imprimé en Italie

Directrice éditoriale : Marie-Anne Jost-Kotik
Responsable éditoriale : Aline Sibony
Éditrice : Alexandra Rousselle
Correction : Des mots passants
Illustrations : Julie Céré
Mise en pages : Frédéric Voisin

Éditions First, un département d'Édi8
92, avenue de France
75013 Paris - France
Tél. : 01 44 16 09 00
Fax : 01 44 16 09 01
firstinfo@efirst.com
editionsfirst.fr

Sommaire

Introduction

Un jour, une copine m'a dit, je ne sais plus à quelle occasion : « Il n'y a rien de pire que les gens mal dans leur peau. » J'ai commenté en répondant juste : « Ouais, c'est vrai... », prise de court par le côté définitif de la formule... Sur ce, la conversation reprend et se perd ailleurs. Seulement le soir, j'ai compris qu'en fait, ma copine, elle pensait à moi en disant ça... « Mal dans ma peau », je ne sais pas. Mais inquiète, oui. Angoissée, parfois. Et pourtant douée d'une immense appétence pour la vie, mais n'arrivant jamais à en profiter vraiment... Mais quelles sont les solutions ?

J'ai écumé toutes les salles de yoga de Paris, rencontré un millier d'acupuncteurs et de thérapeutes, bouquiné un tas d'ouvrages de développement personnel, et côtoyé des « éveillés » sans que rien ne change vraiment en moi. Étais-je trop bête ou pas assez éveillée ?

Et puis, un jour, croulant sous mon fardeau et lassée, j'ai eu une idée : observer mon chat pour comprendre pourquoi il était si heureux. Car s'il y a une chose dont j'étais certaine, c'est que mon chat, lui, était heureux ! La solution à tous mes maux était-elle donc roulée en boule sur le canapé ?

Je me suis dit : « Regardons les choses en face, ma copine a raison. Je suis mal dans ma peau. Je passe à côté de la vie, je le sens ! » Puis : « Les chats sont solitaires, eux aussi, mais ils ont l'air de bien gérer l'affaire. » Enfin : « Puisque les chats semblent le vivre si bien, si j'essayais de m'inspirer du mien ? » Et donc : « Puisque tous les gourous, tous les penseurs, tous les systèmes ont échoué, si j'essayais de faire de mon chat mon maître spirituel ? » Certainement que mon chat, ce génie, cette icône, pouvait être autre chose qu'un amour, un ami, un compagnon, un réconfort. C'était décidé : je deviendrais l'élève de mon chat, Osiris.

Durant cette période, il me faudrait observer attentivement Osiris et tenter, de l'imiter, en tout cas d'en apprendre quelque chose. Curieux, joueur, dormeur... les premières observations sont riches d'enseignements. Mon intuition se confirme. Mon Osiris semble vraiment heureux, et moi je voudrais vivre une vie de chat pour toucher du doigt ce bonheur.

Je me suis lancée dans cette expérience, qui peut sembler, à cet endroit de la lecture, idiote, farfelue, opportuniste, mais je suis persuadée que cette amitié entre nous et les chats est une porte vers une nouvelle connaissance.

Qu'on soit bien clairs : je ne cherche pas à aimer davantage mon chat, ni à me faire du bien à ses côtés, mais à l'écouter me dire comment changer mon rapport à l'existence, à l'imiter, parce que là est bien mon vrai but : prouver qu'un chat peut en dire autant, si ce n'est plus, que les plus grands maîtres. Il faut simplement y penser et essayer. Entendre ce que les chats ont à nous dire. Je l'ai fait. Et j'ai vu vingt points essentiels à son bonheur.

CHAPITRE 1

Mon chat dort... beaucoup !

Petite conversation avec mon chat

Osiris et le sommeil, j'attaque fort. Voudra-t-il bien discuter de tout cela avec moi ? Aura-t-il des choses à me dire, d'ailleurs ? Et puis, est-ce vraiment le meilleur moment d'entamer une discussion à ce sujet ? Il dort si paisiblement là...

MOI
Osiris, tu dors ?

OSIRIS
...

MOI
Osiris, mon petit chat d'amour...

OSIRIS
Mmmmeee...

MOI
Alors, c'était bien, ce dodo ? Te rends-tu compte que tu dors seize heures par jour ?! seize heures !

OSIRIS
Et ?

MOI
Et tu ne sembles pas du tout culpabiliser ! Ah, ça va, mon chaton, je te taquine !

J'aimerais pouvoir faire pareil, dormir,
pas autant, mais plus, et ne pas culpabiliser !

OSIRIS

…

MOI

Tu sais, en fait, je te dis ça parce que je suis sans doute jalouse au fond de moi ! Pour te dire la vérité, en ce moment même, je voudrais tout arrêter et faire une petite sieste sur le canapé à tes côtés.

OSIRIS

Oui… et pourquoi tu ne le fais pas ? Nous sommes samedi, détends-toi un peu. Tu as le temps, allez, prends un plaid et viens faire la sieste à côté de moi, je veux continuer à dormir moi.

MOI

Malheur ! Mais tu ne te rends pas compte ! J'ai tout à faire : les courses, le ménage, je dois tout préparer pour la semaine qui arrive… Ah, on voit bien que ce n'est pas toi qui gères l'intendance de la maison.

OSIRIS

Je vois, je vois, et te préparer toi pour la semaine qui arrive, tu n'as pas envie ? Tu vois, moi, contrairement à toi, quand je suis réveillé, je suis réveillé et je suis au top de ma forme, je ne suis jamais vaseux comme toi, donc autant dormir beaucoup pour être totalement bien et présent quand on est éveillé ! Je ne vois pas en quoi dormir beaucoup est un problème.

MOI

Justement, Osiris, j'ai une tonne de questions à te poser, sur ton sommeil. Ce qu'il t'apporte, ce qu'il te faut pour bien dormir, tes endroits préférés pour dormir (même si j'ai une petite idée !). Je vois bien que tu as un rapport très sain au sommeil, que tu écoutes ton horloge interne. Et puis, pour tout te dire, je voudrais que tu me donnes des conseils.

OSIRIS

Écoute, plus tard, si tu veux bien, je ne tiens plus mes yeux ouverts. Je sens que je replonge dans le sommeil. Ah tiens, je vais m'installer sur ce tapis près du radiateur, ça me changera un peu du canapé. Tu as vu, je te devance pour que tu ne fasses pas cette blague.

MOI

Ah, oui, je voulais aussi te parler de tes réveils TRÈS matinaux ! Crois-tu qu'ils contribuent à ton équilibre ? Je…

OSIRIS

… Plus tard !

Ma vie en un peu plus chat

Chère maîtresse,

Je me suis un peu vexé quand tu as souligné le fait que je dormais seize heures par jour, je n'aurais pas dû ! Tu ne me reprochais rien, c'était juste un constat. C'est vrai, je dors en moyenne seize heures par jour ! Je n'avais jamais fait le calcul, je suis moi-même impressionné.
Le sommeil est un pilier de ma bonne santé, je le sens et le vérifie tous les jours. Si je n'ai pas mes seize heures, je deviens irritable, voire imbuvable ! Et j'ai vu la même chose chez toi ! Alors, oui, je t'encourage à prendre ton sommeil en main. Je ne veux plus te voir lire la nuit pendant des heures ni t'endormir devant la télé le soir. Tu devrais aller voir un médecin homéopathe et un acupuncteur, ça pourrait t'aider. Tu peux aussi voir ton pharmacien pour des tisanes. J'ai entendu parler de tellement de plantes qui favorisent le sommeil (valériane, camomille, passiflore...). En attendant, voici quelques petites choses qui pourraient t'aider. Ce sont des choses que je veux que tu ARRÊTES de faire !!!

Eh oui, c'est que moi aussi je t'observe… Allez, c'est pour ton bien !

- Arrête avec tes heures de lever et de coucher anarchiques ! Tu dois adopter des heures de coucher et de lever régulières. Regarde, moi, je réclame toujours mes croquettes à 6 h eures pile le matin ! Il n'y a rien de plus mauvais que la grasse matinée le week-end ! Ben oui, tu te cales sur ton rythme chronobiologique, tout va bien, et paf, le week-end tu bousilles tout le travail ! C'est ridicule ! Tous les matins, la même heure, tous les soirs la même heure, week-end compris.

- Arrête de lutter contre le sommeil le soir ! Sois attentive aux signaux envoyés par ton corps (bâillement, yeux qui clignent…). Va te coucher immédiatement quand tu les perçois.

- Arrête de prendre ton smartphone dans ton lit ! Et même, bannis tout écran (télévision, smartphone, tablette…) au minimum une heure avant l'heure souhaitée de coucher.

- Arrête d'aller courir le soir après le travail ! Il n'y a rien de pire pour le sommeil que de faire du sport après 17 heures. Et si tu courais plutôt pendant ta pause déjeuner ? Oui, tu as raison pour les sports doux comme la natation et le yoga, tu peux les pratiquer le soir.
- Arrête de boire du café l'après-midi ! Ne consomme ni café ni thé ni alcool après 15 heures. Le café est à bannir dès 14 heures... Regarde, je tourne à l'eau et je dors parfaitement !
- Arrête de surchauffer ta chambre ! Tu dois dormir dans une chambre relativement fraîche (autour de 20 °C).
- Arrête de trop manger le soir ! Dîne toujours léger. Pas de viande rouge, ni de plats épicés. Je te dis cela avec bienveillance, ne l'oublie pas !
- Arrête de prendre un bain très chaud le soir ! C'est très mauvais pour le sommeil... Privilégie une douche ou un bain tiède.

- Arrête de faire de ta chambre « un lieu de vie » ! Ta chambre est un sanctuaire qui ne doit servir qu'au repos. M'as-tu déjà vu manger sur le coussin où je dors ?! Non ! Très important, évite toute source de bruit ou de luminosité.

Ton Osiris qui n'attend que de venir se blottir contre toi !

P.-S. : Une petite sieste ? Ah, ça oui ! C'est un besoin physiologique malheureusement ignoré chez vous, humains. Une sieste de 10-15 minutes est idéale pour remettre quelqu'un sur pied ! Après, pas de somnolence, mais des capacités cognitives améliorées, une vigueur retrouvée, une fatigue oubliée et une vigilance accrue. Je te la recommande.

Les quatre grands conseils d'Osiris

Mettre en place une routine de dodo

Toujours les mêmes gestes, aux mêmes heures… Brume d'oreiller, bougies parfumées, plaid chaleureux, lecture, etc. : la clé est de ritualiser le coucher ! À moi de trouver mes rites.

Se coucher très tôt les mauvais jours

Idées grises, manque d'entrain, période d'angoisse. Se coucher au lit trois soirs de suite avant 21 heures. Le quatrième jour, on voit une amélioration significative de l'humeur.

Pratiquer la respiration abdominale pour trouver le sommeil

Allongée dans le lit, je place une main sur le bas-ventre. J'inspire par la bouche et mon abdomen se soulève. J'expire lentement par la bouche et sens sous ma main mon abdomen redescendre. Le corps entier s'apaise. Je pratique cette respiration au minimum trois fois, en reprenant ma respiration naturelle entre chaque session.

Se lever très tôt tous les matins !

Osiris me presse de lire le best-seller d'Hal Elrod, *Miracle Morning,* et d'avancer mon heure de lever chaque matin. Il veut que je mette mon réveil à 5 h 45, il est fou, ce chat ! Mais Osiris est formel, ce temps supplémentaire avant de commencer ma « vraie » journée est nécessaire pour avoir des idées claires et de l'énergie à revendre, mais aussi une vie épanouie, des projets qui aboutissent, etc. Pour cela, il faut nourrir ces moments très matinaux par de la lecture, de la méditation, de l'écriture et, bien sûr, un bon petit déjeuner.

CHAPITRE 2

Mon chat s'étire, c'est dingue comme il s'étire !

Petite conversation avec mon chat

Osiris vient de se réveiller, il s'étire sur le lit. Les deux pattes avant tendues à l'extrême. Puis le dos rond, très rond. Et ce bâillement... Il a l'air tellement content après. Rhaaaaa, je n'ose pas l'embêter avec toutes mes questions. Et puis, mince, je veux connaître tous ses secrets pour être si heureux !

MOI

Mon petit chat adoré,
je suis désolée de te déranger...

OSIRIS

... Oui, qu'est-ce que tu veux savoir,
je suis un peu occupé là !

MOI

Oui, oui, pardon, mais je m'interroge beaucoup
quand je te vois t'étirer... après chacune
de tes siestes. Tu as l'air si...

OSIRIS

Paisible ? Serein ? Détendu ?
Ce sont bien les mots que tu cherches ?

MOI

… Ce sont bien les mots qui me viennent.

OSIRIS

Oh, tu sais, je fais cela sans réfléchir. Je laisse venir ce réflexe, ce n'est pas plus compliqué que cela. Ce n'est pas comme vous, les humains, vous qui êtes toujours à refréner vos élans. Vous ne savez pas écouter votre corps. Ça fait tellement du bien de s'étirer ! Moi, je n'entreprends aucune activité tant que je ne me suis pas étiré.

MOI

Pour tout te dire, je suis stupéfaite du temps que tu passes à t'étirer ! Et puis, je suis fascinée, parce qu'on a l'impression que rien d'autre ne compte à ce moment.

OSIRIS

C'est totalement vrai, je suis vraiment dans le moment présent quand je m'étire, rien à faire de la dernière souris que j'ai attrapée ou de mes croquettes dans la cuisine. Comme je te le disais, ça vient comme ça, c'est instinctif. Toi aussi, tu devrais te reconnecter à ton instinct.

MOI

Je t'ai observé, c'est quand même absolument dingue ce que tu fais de ton corps quand tu t'étires.

OSIRIS

C'est vrai... J'ai des frissons rien qu'en y pensant ! Ça s'appelle la pandiculation, le fait de s'étirer comme ça ! Et c'est commun à tous les animaux (dont l'homme !). Du sommet du crâne au bout de la queue, j'étire tout. J'aime bien cette petite gymnastique. J'ai lu dans le dernier livre de mon vétérinaire que ça rétablissait la circulation sanguine dans tout le corps et que ça réveillait les réflexes.

MOI

Et, dis-moi, quel est ton étirement préféré ? Je n'arrive pas à deviner quand je te regarde faire.

OSIRIS

J'aime quand je me cambre à l'extrême, quand mon dos est très creux. Je fais ça après avoir étiré les pattes avant, avant d'étirer les pattes arrière.

MOI

Je suis presque gênée de te poser cette question, mais qu'est-ce qui se passe quand tu bâilles ? On a l'impression que ça te procure un plaisir inouï.

OSIRIS

Tu sais, le bâillement n'est rien d'autre qu'un étirement de la mâchoire. Donc oui, je bâille aussi souvent ! C'est pour remettre la machine en route. Je dois dire que j'adore ça, moi, bâiller, je ressens alors un bien-être total envahir le corps. Ce sont tous les muscles de la face, du cou, du pharynx et même du diaphragme qui se détendent. C'est vrai, le bien-être est inouï ! Et puis, j'ai remarqué que ça me calme immédiatement si un moment d'anxiété se profile. Tu devrais bâiller plus souvent, vraiment. Tu as l'impression que j'ai de la chance, que cette vie de rêve m'est servie sur un plateau, mais en fait, toi aussi tu es chanceuse : il paraît qu'un être humain en bonne santé bâille entre 5 et 10 fois par jour. Ça en fait, des occasions de te détendre ? Alors, laisse-toi entraîner par chaque bâillement qui te vient.

MOI

Tu n'aurais pas des conseils à me donner ? Es-tu vraiment certain qu'en m'étirant et en bâillant comme tu le fais, je vais me sentir mieux, bien, plus heureuse ?

OSIRIS

Mais oui ! Depuis le temps que je voulais t'en parler. Je suis absolument consterné de te voir sortir du lit, d'un coup, quand le réveil sonne. Tu sais que c'est violent pour le corps ? Tu dois prendre du temps pour déverrouiller tes articulations et allonger tes muscles. Et, attends, quand je dis « prendre du temps », ça peut être fait en 5 minutes. Tu n'as donc aucune excuse. Un muscle étiré est un muscle qui est mieux oxygéné et qui élimine plus facilement les toxines, alors, fonce.

Ma vie en un peu plus chat

Je fais comme mon chat… je m'étire le matin

Je prends le temps de me réveiller le matin, je ne me lève jamais d'un bond. Je prends le temps de m'éveiller à la vie. J'ouvre doucement les yeux, prends peu à peu conscience, de chaque partie de mon corps. Le poids des pieds sur le matelas, des jambes, du buste, des bras, de la tête. J'inspire profondément, puis j'expire lentement…

Je place les bras à l'horizontale et j'écarte légèrement les jambes. Puis je les étire, comme si je voulais pousser les murs avec les mains et les pieds.

Je fais ensuite des rotations avec les chevilles pour les remettre en mouvement : 10 fois dans un sens, 10 dans un autre. Je fais de même avec les poignets.

Allongée dans mon lit, le dos bien plat, je ramène les genoux pliés vers la poitrine. Je tiens cette position 30 secondes, puis je me balance lentement et délicatement de gauche à droite.

Je m'assois sur le bord du lit, le dos bien droit. Je penche la tête vers la gauche, puis vers la droite, en avant puis en arrière.

Je me lève, les bras le long du corps et les pieds légèrement écartés. Je regarde droit devant moi. Je soulève légèrement les talons et je tiens la position quelques secondes. Je repose ensuite les talons, puis je soulève les orteils et la voûte plantaire supérieure.

Je lève les bras vers le ciel et je joins les deux mains au-dessus de la tête, les bras les plus tendus possible et le plus loin derrière. Je maintiens cette position et je bombe le torse en inspirant lentement. Je rentre le ventre en même temps. Je relâche en expirant.

Idée à creuser !

Je dois vraiment me mettre au yoga. (C'est dingue, quand je tape « postures de yoga » dans Google, j'ai l'impression de voir mon chat s'étirer ! Osiris me suggère de commencer ma journée avec la salutation au soleil. J'aimerais être ce genre de personne. Une femme qui fait du yoga régulièrement. Oui, je vais suivre le conseil d'Osiris, car tous les magazines s'accordent, cet enchaînement de yoga :

- réveille en douceur l'énergie du corps ;
- dynamise l'esprit ;
- stimule les organes vitaux ;
- assouplit et renforce les muscles.

Je fais comme mon chat… je fais le dos rond

Tous les jours, je pratique l'étirement dit du chat ! Au réveil, mais aussi dans la journée. Pour :

- faire une pause au travail ;
- bouger après de longues heures en position assise ;
- m'échauffer avant un exercice physique, etc.

Bref, quand bon me semble ! Rien de plus simple :

1. Je me mets à quatre pattes sur un tapis.
2. Je tends les bras au maximum en rentrant bien la tête et j'arrondis le dos au maximum.
3. J'accompagne ce mouvement d'une profonde inspiration.

À faire une dizaine de fois !

Je fais comme mon chat… je bâiiiiiille !

Pas question de contenir un bâillement. Quand il arrive, je l'accueille avec joie et j'étire au maximum les muscles soutenant la mâchoire, j'ouvre grand la bouche ! En mettant la main devant, bien sûr !

Ce que j'apprends !

Osiris me souffle à l'oreille que le bâillement serait déclenché par une augmentation de la température du cerveau, qui se produit souvent lorsqu'on est fatigué, qu'on s'ennuie, qu'il fait chaud ou qu'on est malade. Bâiller aurait un effet thermorégulateur qui nous permettrait de retrouver de la vigilance. Cela augmente le flux du sang artériel et permet d'apporter un sang plus frais au cerveau.

J'étire aussi mes yeux pour en prendre soin

Le palming

Je place les paumes de main sur les yeux comme deux petites coques, de sorte de ne voir aucune lumière. Je garde mes paumes ainsi un peu plus d'une minute.

La relaxation est immédiate et profonde grâce à l'obscurité créée et à l'apaisante chaleur des mains.

Le signe de l'infini

Je m'assieds confortablement, le dos droit mais le corps détendu. Je garde les yeux ouverts, ma tête est immobile. Je suis avec les yeux un signe infini lointain en un mouvement fluide et ininterrompu.

La tension accumulée au niveau de vos yeux est chassée en un clin d'œil.

Le clignement des yeux

Plusieurs fois par jour, je m'efforce de cligner des yeux durant 30 secondes. Des larmes montent et humidifient chaque œil.

Je n'hésite pas à forcer le mouvement et à le répéter.

Pour quel bénéfice ?

Assise confortablement, le dos droit, je garde les yeux ouverts et détendus. Je garde la tête immobile et je tends avec le bras un crayon face à mon visage au niveau du regard. Je fixe ce crayon.

J'expire et je le rapproche du nez tout en le fixant.

J'inspire, puis je l'éloigne lentement, le plus loin possible, sans détacher le regard. À répéter une vingtaine de fois.

CHAPITRE 3

Mon chat vit dans l'instant présent [Épisode 1]

Quelques pensées

Ce que je remarque chez mon chat Osiris, c'est d'abord un grand sens de l'observation. Il peut rester de longues minutes sur un bras de fauteuil, et m'observer dans mes allées et venues. Il a ce calme, cette faculté de détachement à laquelle j'aspire aussi. Mais je n'ai pas ce talent. Lui, si.

D'où est-ce qu'il lui vient, ce talent ? D'où vient-il, ce privilège de pouvoir s'arrêter et d'observer ? Moi aussi, j'aimerais bien pouvoir stationner dans certains cafés des boulevards, et observer. Rester sur mon lit, et observer. M'asseoir sur un toit, et observer. Mais je ne peux pas. Et quand je dis que je ne peux pas, c'est que : je-ne-peux-pas. Parce que je n'ai pas le temps. Je-n'ai-pas-le-temps !

Le temps, bon sang ! La grande énigme ! Qu'est-ce que c'est que le temps ? Les chats ont une vision à 180°, une ouïe très fine, un odorat canon : ils connaissent et maîtrisent l'espace mille fois mieux que nous, OK ; mais le temps ? Dans ce domaine au moins nous devrions, nous, les humains, prendre sur le chat un avantage assez net ! Et pourtant : toutes nos réflexions aboutissent à une impasse. Aucun philosophe, aucun écrivain, aucun maître spirituel, aucun astrologue, aucun coach, aucun barman n'a jamais pu m'apprendre à abolir la notion de durée, à oublier les tristesses de mon passé et surtout à ne pas vivre constamment dans l'attente du pire ou du meilleur – sachant que l'un comme l'autre n'arrivent jamais comme on les attendait (eh oui !). Personne n'a jamais pu me dire comment vivre le « moment présent », ce fameux « moment présent » dont les magazines se font l'écho mais qui ressemble trop, pour eux, au simple bonheur ou à la réussite. Je ne veux pas être plus heureuse que je ne le suis (le bonheur ne nous protège certainement pas du malheur – s'il ne nous y prédispose pas –, et il ne nous préserve pas non plus de vouloir être encore plus heureux), et j'estime avoir eu mon lot de réussites. Je veux cesser de vivre en décalage, en différé ou en accéléré. Qu'on me rende à mon instant perpétuel, qu'on m'aide à trouver ce foutu « moment présent » qui semble à portée de main, mais que je n'arrive pas à saisir !

Il est 8 h 30, j'ai terminé mon petit déjeuner. J'observe mon chat adoré. Il plisse les yeux et avance la tête vers moi pour que je la caresse... Osiris, comment les chats font-ils pour se donner ce temps ? Je sens bien qu'il y a un rapport entre contemplation et temporalité, mais

je nage un peu. Je réfléchis, je cherche, je repense même à cette phrase : « La méditation est l'art d'être seul, l'amour celui d'être ensemble. » Et je me réponds que pour l'amour j'ai eu tout ce qu'il fallait, mais que, en revanche, dans la solitude je suis scindée, qu'il me manque cette aptitude au détachement, à la contemplation. Parce que lorsque je veux contempler quelque chose : je me dis que je suis en train de le contempler et mon esprit s'envole ensuite vers mille choses, mille pensées. Impossible de les chasser ; d'ailleurs, on dit qu'il ne faut pas les combattre, mais « les regarder comme des nuages ». Ben, moi, je n'y arrive tout simplement pas ! Je rumine, je m'inquiète, mais à un point ! Je revois telle ou telle personne qui m'a mal parlé la veille, je pense à cette tristesse que je trimballe depuis quelques mois (elle ressort toujours dans un contexte qui n'a absolument rien à voir !), je peux même d'un coup me dire qu'il n'y a plus de sel dans la cuisine et qu'il faut impérativement en acheter demain... Et ce sel qui manque dans la cuisine tourne en boucle.

Mais comment, alors, vivre dans le moment présent ? C'est le cœur de l'enseignement de nos maîtres spirituels, j'ai lu tous leurs conseils, attendu la révélation. Mais ce qui me paraissait impossible me semble aujourd'hui enfantin : fais comme ton chat ! Fais comme Osiris !

Ma vie en un peu plus chat

Je médite : l'exercice de la respiration

Je choisis une pièce calme, où personne ne viendra me déranger. Je m'installe confortablement en position assise. Je ferme les yeux.

1. Je respire doucement par le nez.
2. Je ressens le souffle entrer et sortir par les narines, puis dans la gorge, et effleurer enfin la peau au-dessus de la bouche.
3. Je continue... je ramène toujours mon esprit à ce souffle, même si mes pensées veulent m'amener ailleurs. Je suis ce souffle.

J'effectue cet exercice de méditation 1 fois par jour (toujours au même moment de la journée), 5 minutes au début, puis 10 minutes et plus.

Je médite : l'exercice du scan corporel

Je choisis une pièce calme, où personne ne viendra me déranger. Je choisis d'être assise sur un coussin ou allongée sur le dos.

1. Je ferme les yeux, puis je respire 3 à 5 fois pour évacuer toutes les tensions. Je porte ensuite mon attention sur chaque partie de mon corps : je commence par les pieds.

2. Je fixe mon attention le temps d'une dizaine de respirations sur chaque zone de mon corps (pieds, puis jambes, ventre, bras, cou jusqu'au sommet du crâne). Je ressens chaque partie, le poids de chaque membre, sa position.
3. J'ouvre les yeux et je respire tranquillement.

J'effectue cet exercice de méditation dès que j'éprouve le besoin de me recentrer et d'être en pleine conscience.

Quelques ouvrages (avec CD) pour méditer

Méditer, jour après jour : 25 leçons pour vivre en pleine conscience, Christophe André, L'Iconoclaste, 2011.

Méditer : 108 leçons de pleine conscience, Jon Kabat-Zinn, méditations lues par Bernard Giraudeau, Marabout, 2011.

Apprendre à méditer, Bob Stahl et Elisha Goldstein, Les Arènes, 2013.

Vivez pleinement chaque saison qui passe. Respirez-la, buvez-la, goûtez-en les fruits, et acceptez l'influence que chacune peut avoir sur vous.

Henry David Thoreau

Je me déconnecte

C'est évident, Osiris est loin de tous les écrans de notre monde contemporain. Je le sens bien : ces flopées de mails, d'alertes, de notifications et de profils m'apportent plus de tracas que de bien-être. Mon sommeil est de plus en plus mauvais, je me surprends à manquer de patience, ma concentration s'envole... Et puis, ce n'est pas tout, il y a aussi l'aspect émotionnel. Au début (par exemple quand je suis une nouvelle personne sur Instagram), c'est une vraie satisfaction, un plaisir, mais après... *mamma mia*, quelle horreur ! Un grand sentiment de vide, de tristesse, voire de mélancolie. Cette réalité virtuelle, loin de me combler, ravive des blessures émotionnelles et des manques. Et passer ma journée à sauter d'écran en écran me donne l'impression de quitter l'endroit où je me trouve, pire, de perdre conscience de mon corps. Il faut vraiment que je redécouvre la vie « sans ». Laisser des commentaires, c'est bien ; sentir la chaleur d'un ami, c'est mieux. Regarder une *fit girl* faire du sport, c'est bien ; faire des squats tous les jours, c'est mieux.

Mes astuces au quotidien pour « déconnecter »

Le matin, je ne me rue pas sur mon smartphone.

J'éteins mon téléphone le plus souvent possible dans la journée, surtout quand je ne veux pas être dérangée. La nuit, évidemment. Ah, mais il me sert de réveil… Eh bien, tant pis, retour au bon vieux réveil à pile.

Je m'interroge sur ma liste d'amis sur Facebook. Est-ce que je suis contrariée ou contente de lire le post de telle ou telle personne ?

Quand je souhaite travailler sérieusement et me concentrer, je ne laisse aucune fenêtre connectée à Internet, même réduite.

Je désactive le signal sonore de mon smartphone m'avertissant de l'arrivée d'un message.

Je ne lis pas immédiatement mes SMS.

Je supprime les jeux et autres applications gadgets qui créent une tentation et qui sont chronophages. Quelle perte de temps…

J'interdis tout objet connecté dans la chambre.

Je m'impose des heures sans aucun écran.

Je mets un frein au *multitasking*.

Mon smartphone me rend impolie. Est-ce vraiment normal de le poser sur la table du café quand je prends un verre avec des amis ?

Je prends conscience de l'illusion que sont les réseaux sociaux. Le sentiment d'appartenance et l'impression qu'ils me donnent d'être une personne unique peuvent n'être que des leurres.

Addict ou pas ?

Osiris me demande de répondre à ces questions pour savoir si je suis dans une forme d'addiction…

- Ressens-tu des symptômes de manque quand tu n'es pas connectée ?
- Fais-tu passer ta connexion avant tes activités réelles de la journée ?
- Ressens-tu une sensation de mieux-être en surfant sur le web ?
- Mens-tu à tes proches sur ton temps passé sur les réseaux sociaux ?

Verdict sans appel… j'ai répondu « oui » à 3 questions sur 4 !

CHAPITRE 4

Mon chat vit dans l'instant présent [Épisode 2]

Petite conversation avec mon chat

Je suis vraiment émerveillée par la capacité d'observation d'Osiris. Mon chat est un grand contemplatif. Ça semble le rendre vraiment serein... Il me touche tellement quand il est assis et qu'il regarde simplement par la fenêtre. Que je l'aime, mon Osiris, qu'il m'apaise, mon chat d'amour !

MOI

Osiris...

OSIRIS

Quoi ???????

MOI

Mille excuses de te déranger, mais il faut que tu m'aides. Je veux devenir une contemplative.

OSIRIS

Rheee. Non, je ne peux pas. Pas maintenant. Cherche dans tes livres de développement personnel.

MOI

D'accord ! Pas la peine de me parler comme ça !
Tu sais, tu devrais être un peu plus gentil avec moi, car tout ça, je vais l'écrire dans mon livre, vois-tu.

OSIRIS

Que veux-tu dire par « tout ça » ?

MOI

Eh bien, que les chats peuvent être sacrément bougons ! Et toi en particulier ! Et quand je dis « bougon », c'est pour ne pas te braquer parce que mon enquête n'est pas encore terminée.

OSIRIS

Quoiiiii ? Tu écrirais ça sur moi, alors que je suis en train de te donner tous mes secrets pour être heureux dans la vie ? Tu ne vas pas écrire ça ?! Tu ne vas pas dresser un tel portrait de moi ? Je commençais à vraiment bien aimer celui de grand sage omniscient ! Ça me flattait beaucoup, j'aimerais bien que tu continues sur cette voie… ! Ça pourrait me faire gagner des points pour trouver l'amour, si tu vois ce que je veux dire…

Ma vie en un peu plus chat

J'admire le lever et le coucher du soleil

- Je trouve le lieu parfait pour passer ce moment de contemplation (près de chez moi et agréable).
- Puis j'y vais le plus souvent possible pour admirer le lever et le coucher du soleil.

- J'admire en silence autant de temps que je veux.
- Je ferme les yeux, puis je respire profondément, je rouvre les yeux et je regarde autour de moi. Je note alors mentalement ce que je vois, sens, entends, ressens sur ma peau.
- Je ferme les yeux de nouveau, puis je les ouvre.
- Je me rends compte de la beauté du monde.

Je fais fonctionner tous mes sens quand je suis dans la nature

- **Je caresse...**

  ... les rochers

  ... les écorces d'arbre

  ... les feuilles
- **J'écoute...**

  ... crisser la neige sous les pas

  ... craquer les brindilles au sol

  ... le « silence » de la nuit
- **Je sens...**

  ... l'odeur de la terre après la pluie

  ... chaque fleur croisée dans la journée

  ... la résine d'un pin

- **Je regarde**…
  … le lever et le coucher du soleil
  … les nuances de couleurs dans la nature
  … les insectes, l'infiniment petit
- **Je savoure**…
  … l'eau d'une source de montagne
  … une baie sauvage
  … une fleur comestible (angélique, , bleuet…)

J'observe ma maison ou ce qui m'entoure en silence

- Ce rayon de soleil qui traverse la cuisine en fin d'après-midi.
- Les plis des rideaux de la chambre.
- Ces nouvelles fleurs dans le jardin.
- La pluie qui tombe sur les toits les jours d'orage.
- Les nuages qui courent dans le ciel.

Je m'assois et je regarde, tout simplement

M'asseoir, n'importe où, devant ma fenêtre, dans une église, un musée ou sur le banc d'un parc et regarder, ressentir tout ce qui est autour de moi.

Je contemple les êtres que j'aime durant leur sommeil

Mon conjoint, mes enfants... et je vais les voir autrement, ou pour de vrai. (Re)découvrir une tache de rousseur sur le front, un reflet dans les cheveux...

Quand le chat ronronne...

Alors que j'associais le ronronnement au plaisir, mon vétérinaire m'a dit que son origine était incertaine. Les chats ronronnent aussi quand ils sont anxieux ou malades, me dit-il ! Dans ce cas, comment comprendre le ronronnement ?

Une piste est à chercher du côté des fréquences des ronronnements... Entre 25 et 50 Hz, ce sont de basses fréquences connues pour entraîner la production de sérotonine, l'hormone du « bonheur » (en effet, elle a un impact sur la qualité du sommeil, le niveau de stress, l'anxiété, la dépression, la coagulation du sang...). Ces fréquences accélèrent la guérison osseuse et musculaire : ainsi, pour une même pathologie un chat guérit toujours plus vite qu'un chien. Osiris, tu es décidément incroyable ! Je ne peux pas faire comme mon chat sur ce coup-là, mais je profite des bienfaits de ses ronronnements à lui en le câlinant. Je me mets à la fameuse **ronronthérapie** !

CHAPITRE 5

Mon chat aime jouer

Quelques pensées

Je me lève en me refusant à toute pensée, bonne ou mauvaise. J'essaie d'être dans « l'instant présent », quitte à ce que cela frise la caricature. Je fais pipi, je mange des crêpes, je fais un câlin à mon mari, je m'amuse avec mes enfants. Instant présent. Je m'habille. Je ne pense à rien d'autres que mes vêtements. Instant présent. Je suis en mission.

Dehors, le ciel est encore rose. Je me sens très bien. Osiris est avec moi. Il m'enchante quand il joue : je vois « cette pétulance gracieuse » chère à Jacques Chardonne quand il bondit sur un bibelot, je vois cette joie pure quand il court comme un dératé dans le couloir, je vois cet instant présent quand il tend sa patte pour faire bouger les franges des rideaux.

Bien plus que ça, quand il joue, Osiris semble être dans un autre monde. Et moi, au fait, depuis combien de temps n'ai-je pas joué ? Jouer en y prenant vraiment du plaisir, je ne parle pas des sessions de jeux imposées par la vie de famille. Mon cœur se serre, quel a été mon dernier jeu d'enfant ? Je suis nostalgique alors que des flashs me reviennent : ce samedi après-midi d'automne avec Axelle, l'euphorie de la cour de récré enneigée. Puis

des souvenirs plus récents. Avec ce même bonheur du jeu. Ah, ce karaoké de 2006, j'en ris encore ! Prise de conscience, envie de retrouver ces sensations : je veux retourner dans cette danse du jeu.

Ma vie en un peu plus chat

Ma chère maîtresse,

J'ai repensé à notre conversation quand je suis venu te voir sur ton bureau alors que tu travaillais. Lance d'avoir renversé ton thé sur ton cahier… Que veux-tu, comme tu me l'as dit justement, « je m'amuse d'un rien, je m'amuse de tout » ! Je pense vraiment que jouer est essentiel à mon équilibre et à mon bonheur. Et aux tiens ! Depuis notre conversation, je me demande pourquoi tant d'humains arrêtent de jouer à l'âge adulte ! Pourtant, tout est prétexte à jouer. Voici à quoi j'ai pensé pour toi :

- Quand tu es dehors, fais du *land art*. Crée des œuvres d'art avec des éléments organiques (humus, terre, etc.), végétaux (feuilles, brindilles, fleurs, glands, mousse, champignons, etc.), minéraux (sable, galets, etc.) ou encore liquides (eau, etc.). Sur de l'herbe, de la terre, un rocher ou un tronc d'arbre, assemble, superpose tous les éléments de la nature qui t'inspirent, crée des formes, des variations, des répétitions de motifs... De véritables tableaux ! Bref, libère ta créativité !

- Amuse-toi avec un crayon et une feuille, dessine. Illustre un voyage, des saynètes de ta vie quotidienne, représente ta maison, la nature, les personnes qui t'entourent... Lance-toi des défis, en termes de temps, de thématique, de support, etc.

- Rends ton quotidien ludique et créatif. Imagine des formes aux nuages, aux pierres, aux troncs d'arbre et aux ombres à chacune de tes balades, que ce soit en ville ou à la campagne.

  Fais de la musique avec tout ce qui te tombe sous la main : ce bol, cette cuillère, ce pot...

  Crée des personnages ou des formes avec les aliments de ton assiette. Quand tu cuisines, fais d'une fraise une fleur ou d'une pomme une rosace !

Imite, imite sans cesse ! Les animaux (moi inclus !), mais aussi toutes les personnes de ton entourage. Accent, mimique, tout doit être là !

Dans la rue, imagine de nouveaux slogans à toutes ces affiches publicitaires qui croisent ta route.

Imagine la vie des gens dans les transports.

Ose te lancer dans une activité artistique ! Inscris-toi au cours de guitare qui te fait tant rêver.

Donne une seconde vie aux objets. Un jean qui devient un sac, une boîte de conserve qui se transforme en un joli pot à crayons, etc.

Parodie / Détourne les paroles des chansons à la radio.

- PRENDS ENCORE PLUS LE TEMPS DE JOUER À LA BALLE AVEC TON CHAT !
- Redécouvre les plaisirs du jeu ! Jeux de plein air, de société, de cartes, de rôle, vidéo. Instaure des moments (à plusieurs, c'est mieux) de jeux conviviaux !

Je t'attends donc demain à 18 heures dans le couloir pour des lancers de balle rebondissante mémorables !

Love,

Osiris

Challenge « joueur comme mon chat » : je fais des acrostiches à tout-va

Mon challenge : entrer dans le monde des acrostiches, ces petits poèmes dont les initiales de chaque vers, lues verticalement, composent un mot, un prénom par exemple. Un acrostiche par jour !

CHAPITRE 6

Mon chat est minimaliste

Petite conversation avec mon chat

Je n'y crois pas : mon chat est minimaliste. Mi-ni-ma-liste ! Je ne l'avais pas vue venir, celle-là ! Toutes ces années à voir défiler son quotidien sous mes yeux, et incapable de mettre un nom sur la vie qu'il menait. Ah, Osiris, tu es vraiment un grand sage, un maître du zen, un être d'exception, que dis-je, un guide !!!

MOI

Je vais être directe, mais je crois que j'ai compris un truc hyper-important de ta vie. En fait, tu es minimaliste !

OSIRIS

Si tu le dis.

MOI

À croire que tu as lu des livres de développement personnel sur ce sujet. Mais oui, c'est ça ! Je suis sûre que tu as lu des choses sur ce sujet, ce n'est pas possible autrement.

OSIRIS

Parles-tu de tous ces livres qui disent qu'« on vit mieux avec moins », que « la joie profonde est dans le peu » ?

MOI

*Tu vois donc très bien de quoi je parle ;
alors, j'ai raison, tu es un vrai minimaliste !*

OSIRIS

*Oui, mais moi, je n'ai pas besoin de lire ces livres,
c'est comme ça, c'est dans ma nature.*

MOI

*Tu sais, tous ces livres m'agacent. C'est peut-être
qu'ils me mettent face à la réalité, celle de
mon intérieur surchargé qui ressemble parfois
à un chaos.*

OSIRIS

*Je ne comprends même pas que vous ayez besoin
de livres sur les vertus du peu, du vide. Ça me paraît
évident qu'on vit mieux avec moins.*

MOI

*Je comprends, je comprends. Mais tu veux dire
que tu ne te lasses jamais des choses ?
Par exemple, le coussin sur lequel tu te loves
toujours, tu n'en as jamais marre, tu aimes toujours
sa couleur, sa forme, sa matière ? Tu n'as pas une
envie irrépressible de nouveauté ?*

OSIRIS

*Ben non, pourquoi en acheter un autre ? Il est
toujours aussi confortable, tu le laves quand
il le faut et le recouds quand cela est nécessaire.*

Vraiment, il est parfait. Je désire ce que je possède. Ça sonne bien ça, comme une citation d'un livre de développement personnel.

MOI

Et pour jouer, c'est pareil, je m'aperçois que tu t'amuses de tout et de rien. Un bout de ficelle, et tu es tout content. Dire que je me suis ruinée en gadgets et jouets qui ont fini sous les meubles…

OSIRIS

Une preuve de plus que le bonheur est dans le peu. Réfléchis, tu ne trouves pas que toutes ces choses que tu accumules dans ta maison te prennent de l'énergie, du temps et de l'argent ?

MOI

Tu penses à quoi par exemple ?

OSIRIS

Un exemple ? Facile ! Je pense à tous ces appareils électroménagers, que tu as payés assez cher, qui prennent de la place, que tu dois nettoyer, etc. Franchement, un beau couteau dans une cuisine et tu fais tout, pas besoin de trente-six mille trucs. C'est comme tous ces jouets que tu m'as achetés. Tu as bien vu, je n'en ai rien à faire. Ce que je préfère, c'est quand tu mets ta main sous le tapis et que tu grattes. Ce n'est pas l'objet qui fait le bonheur mais l'action, l'élan.

MOI

Hum… Je devrais me dire, que les coussins du canapé sont bien jolis comme ils sont et qu'il n'est pas nécessaire d'en acheter d'autres juste pour coller dans la tendance du moment.

OSIRIS

Oui, et tant pis si ta déco ne ressemble pas à celle des magazines. Ton intérieur peut être simple et très beau. Moi je dis que le vide est le plus beau des écrins pour un objet. Tu notes, ça, « le plus beau des écrins ». Et puis, tu as vu ces horreurs que tu gardes chez toi ?

MOI

Tu parles du tableau de l'entrée ? De cette petite statue bien planquée dans les toilettes ? Ou de ce pull que m'ont offert mes collègues de travail ? Je sais, mais je n'ose pas m'en séparer.

OSIRIS

Je ne préfère même pas parler de tes vêtements. Vous me faites hurler de rire, les humains, à croire que posséder encore et encore va vous rendre heureux. Regarde, te sens-tu vraiment plus heureuse (et plus belle) avec ces dizaines de jeans, ces tops à gogo et ces montagnes d'écharpes ?

MOI

Il y a des trucs que je n'ai pas mis depuis dix ans, des robes difformes, des chaussures abîmées que je garde pour « quand j'aurai le temps de les porter chez le cordonnier ». Je ne compte pas les culottes trouées et les pantalons mal coupés.

OSIRIS

Mais je voudrais que tu réfléchisses plus à ton insatisfaction permanente et surtout à ce besoin d'accumuler, toujours et encore.

MOI

Mes copines disent que j'ai « peur du vide », je trouve que ça veut tout et rien dire, cette expression.

OSIRIS

Tu n'es pas intimement convaincue que l'être humain est plus libre avec l'essentiel ? Je te rappelle qu'un des grands principes du zen est que rien (ni les objets, ni les actes, ni les pensées) ne doit être inutile ou vain…

MOI

Oui, j'ai bien lu ça quelque part… Pour être honnête, Osiris, je me sens débordée en permanence, j'ai l'impression de ne jamais avoir de temps pour moi. Mon esprit est en constante agitation : travail, enfants, maison… Ça fait beaucoup à gérer. Je me sens engloutie dans un quotidien qui ne me plaît pas (enfin, pas toujours), un quotidien saturé d'objets, d'écrans, de tout, et en même temps très vide. Je peux te parler à toi du vide que je ressens parfois ?

OSIRIS

Fais comme moi, vise le moins pour vivre mieux. Je te promets moins de stress et plus de sérénité (tu seras le maître de la situation, pas le matériel), plus de temps (c'est logique, si tu possèdes moins, tu perds moins ton temps à choisir, acheter, transporter, chercher, laver, réparer, etc.) et plus d'argent (eh oui !). Tout cela, je te le promets, pour une vie plus riche (enfin du temps pour lire, peindre, voir une expo...) et un regain d'énergie (physique et mentale). Changer ce qui t'entoure matériellement va changer ton esprit !

Ma vie en un peu plus chat

Voici les principaux conseils d'Osiris pour devenir minimaliste et plus zen au quotidien.

Fais un grand tri dans ta maison

Jette tous les objets qui ne fonctionnent plus. (Je ne comprends pas pourquoi le vieux grille-pain cassé est dans l'entrée depuis un an ! Il me gêne pour accéder au radiateur l'hiver.)

Fais réparer ceux qui peuvent l'être, donne ce que tu as en double, voire en triple ! (Tu as combien de brosses à cheveux, une dizaine, non ? Ben, moi, avec une, je suis le plus heureux.)

Profites-en pour donner ou revendre les objets que tu avoueras détester, si tu es honnête. (Je te revois à Noël, faire semblant d'aimer le tableau offert par je ne sais plus qui. Pourquoi cet excès de politesse à te forcer à le garder chez toi alors que tu le détestes ? Rien de plus malsain, allez, dehors ! Regarde, je ne possède aucun objet et je suis le plus heureux du monde.)

Apprends à dire non

Non aux sacs plastique dans les magasins, non au suremballage chez les commerçants, non aux cartes de visite distribuées à tout-va, non aux échantillons dans les parapharmacies, non aux prospectus, etc. Ça va être dur de t'affirmer dans le non, mais c'est essentiel.

Mûris chacun de tes achats

N'oublie pas qu'un nouvel objet dans la maison, c'est une nouvelle chose qui te prend encore un peu plus d'argent, de temps et d'énergie.

Pense toujours aux autres solutions avant d'acheter quoi que ce soit (emprunt à des amis, location...). Tu m'as scié quand tu as acheté la panoplie de la parfaite skieuse pour partir deux jours à la montagne ! Et pour finalement ne pas aimer ça ! Vois-tu la place que cela prend à la cave !

Pose-toi ces questions avant chaque achat :

- Ai-je vraiment besoin de cet objet ?
- Cet objet va-t-il beaucoup me servir ?
- Ne pourrais-je pas faire autrement (prêt, location ou résultat similaire avec un autre objet) ?
- Posséder cet objet ne va-t-il pas générer de trop grandes contraintes (argent et temps) ?
- Ai-je assez de place pour l'entreposer ?
- La possession de cet objet va-t-elle faire mon bonheur ou me créer des soucis ?
- Puis-je me permettre cet achat financièrement ?
- L'achat de cet objet ne va-t-il pas de pair avec de nombreuses dépenses cachées (pièces à changer régulièrement, accessoires à acheter en complément, consommation électrique...) ?

Paroles inspirantes

Osiris, quel intello ! Voici ce qu'il a affiché sur le frigo. Mon chat est génial.

Rappelle-toi que très peu de choses sont nécessaires à ton bonheur.

Osiris
~~*Marc Aurèle*~~ *(IIe siècle av. J.-C.), empereur romain*

Ne possédez rien chez vous que vous ne sachiez utile ou agréable à vos yeux.

Osiris
~~*William Morris*~~ *(1834-1896), écrivain, poète et designer anglais*

Celui qui sait se contenter de peu est toujours satisfait.

Osiris
~~*Lao Tseu*~~ *(VIe siècle av. J.-C.), sage chinois*

Celui qui sait qu'il possède suffisamment est riche.

Osiris[1]
~~*Lao Tseu*~~

1. Décidément passionné par Lao Tseu !

CHAPITRE 7

Mon chat est appelé par la nature

Quelques pensées

Je vis au quotidien avec Osiris, et s'il y a bien une certitude, c'est qu'il a un besoin viscéral d'« aller dehors », de « prendre l'air », d'« aller faire un tour », de « se dégourdir les pattes ». Il éprouve surtout la nécessité impérieuse de retrouver la nature.

Quand Osiris quitte la maison pour une escapade de quelques minutes ou plusieurs heures, c'est justement cette nature (le jardin et une partie de la rue, heureusement peu fréquentée) qui me révèle qui il est. Tous ses réflexes y sont peaufinés, toutes ses aptitudes vérifiées. Il y joue, il y dort, il y aime. Il habite la nature comme il habite son plaid préféré ou le fauteuil en face de la cheminée. La différence entre lui et moi est tout entière dans cette capacité qu'il a à habiter la nature. Comment fait-il ? Comment pourrais-je faire pour vivre cette reconnexion avec la nature que nous vantent tous les magazines ?

Car oui, je pense avoir le même besoin de contact avec la nature que lui. Je pense que nous avons tous le même besoin, mais que tous nous ne le satisfaisons pas. Thoreau écrivait que la nature « est aussi bien adaptée à notre faiblesse qu'à notre force ». Comment retrouver ce contact avec elle et bénéficier des bienfaits qu'elle veut nous offrir ?

Je me décide et sors marcher en forêt. Instinctivement, il me semble que c'est la meilleure amorce d'une éventuelle reconnexion. Il me semble que la balade est une manière d'habituer son corps et de l'amener à épouser, progressivement, le rythme du cosmos, le rythme de la nature. Plus je marche, plus je sens ma propre nature proche de « la » nature.

Osiris me l'a dit, il doit courir les champs non pour se défouler ou jouer (du moins pas seulement), mais pour retrouver sa place dans le monde. Je retrouve chaque fois un Osiris plus lui que jamais. Je veux aussi sentir cet appel de la nature et ressentir dans tout mon être quelle est ma place dans le monde.

Petite conversation avec mon chat

Et il gratte, et il gratte pour aller dehors. Mais pas si vite, j'ai des questions à te poser, Osiris. Pourquoi tant d'empressement ? Cet appel de la nature semble si fort. Que voit Osiris que je ne vois pas ? Que ressent-il qui m'est étranger ?

MOI

Osiris, attends une minute.

OSIRIS

Quoi ? Mais quoi… ??????

MOI

Je ne t'ai jamais posé cette question, mais pourquoi es-tu si excité d'aller dehors ?

OSIRIS

C'est évident, non ?!

MOI

Pourquoi es-tu si tranchant avec moi, Osiris ? Je veux simplement connaître ton secret du bonheur. Tu devrais être flatté, petit ingrat !

OSIRIS

Oui, oui, oui, je sais, je sais. Oui, donc, j'aime aller dehors… J'aime aller dehors parce que… Oh, je ne sais pas pourquoi, mais oui, ça me met en transe !

MOI

C'est quoi ? Ce sont les insectes ? Les lézards que tu attrapes ?

OSIRIS

Ah, ça, c'est sûr que ça réveille mon instinct de chasseur.

MOI

Ce sont les bruits de la nature, l'odeur de l'herbe, de la terre ? Ou est-ce cette sensation rugueuse des écorces d'arbre sur ton pelage ?

OSIRIS

Viiiiite, ouvre la porte, s'il te plaît !
Mais enfin, tu n'es pas stupide, tu penses bien
que cette reconnexion à tous mes sens
me rend dingue de bonheur !

MOI

Oui, mais...

OSIRIS

... Ouvre !!!!!!!!!!

Ma vie en un peu plus chat

Ma chère maîtresse,

Mille excuses pour tout à l'heure, mais je ne pouvais pas attendre une minute de plus avant de sortir ! Quelques conseils pour toi (Ah là là, que je suis content d'être un chat !) :

- Renseigne-toi sur la sylvothérapie. Des études scientifiques nippones ont démontré les bienfaits sur la santé de simples promenades en forêt : accroissement de la vitalité, diminution d'indicateurs de stress (anxiété, dépression, colère), renforcement de l'immunité, réduction des risques de cancer ou d'hypertension... On ne sait pas encore très bien pourquoi. Est-ce la couleur verte dominante ? Est-ce le silence ? Est-ce l'air moins pollué ? Est-ce le microclimat propre à chaque forêt ? Est-ce la fréquence vibratoire et l'énergie des arbres ? Sans doute un peu de tout cela... Alors, va en forêt !

- Reconnecte-toi à elle avec des choses simples !
  - Va aux champignons par exemple ! Quoi de plus agréable qu'une balade en pleine nature à la recherche de champignons (enfin, pour un être humain !) ? Informe-toi sur ce sujet, lis des ouvrages spécialisés, questionne ton pharmacien, assiste à des stages... Bref, prépare au mieux ta balade mycologique pour rentrer à la maison avec un panier plein et odorant.
  - Observe les oiseaux (c'est génial ! Si tu vois où je veux en venir...). Allez, hop, une paire

de jumelles de bonne qualité (achetée chez un opticien ou dans un magasin de sport), un guide de reconnaissance des oiseaux, et c'est parti ! Voici quelques secrets de professionnel rien que pour toi :

Prends des notes de toutes tes observations.

Alterne la vision à l'œil nu avec la vision avec les jumelles.

Réalise le maximum d'observations, mais veille à toujours minimiser les dérangements.

Il est inutile de courir après les oiseaux rares, aussi fascinants soient-ils, les oiseaux communs sont tout aussi incroyables !

Essaye toujours de te mettre dans la peau des oiseaux et de voir le monde tel qu'ils le voient...

Ne marche jamais vers les oiseaux, fais en sorte qu'ils se rapprochent de toi.

Apprends à estimer la distance de fuite des oiseaux (quand l'oiseau ne tolère plus ta présence).

Apprends à entendre et reconnaître le chant des oiseaux. Quel enchantement !

Lève-toi tôt !

Observe les nids, mais à distance (au moins 20 mètres).

Avec tout mon amour,

Osiris

Je me connecte avec les arbres pour puiser leur énergie vibratoire (comme Osiris)

Parce que les arbres ont une fréquence vibratoire bénéfique pour l'homme…

Parce qu'ils sont le trait d'union parfait entre le ciel et la Terre…

Parce qu'ils peuvent nous donner de la force…

Parce qu'ils peuvent nous guérir…

Mais aussi…

Parce qu'Osiris adore se rouler à leur pied…

Parce qu'Osiris est si heureux, arrivé à leur cime…

Parce qu'Osiris ne cesse de se frotter sur leur écorce…

Voici deux méthodes simples, facilement réalisables lors de mes balades en forêt.

Méthode 1

Je me mets dos au tronc de l'arbre qui m'a attirée. Je ferme les yeux et j'écoute.

Je place également l'arrière de la tête sur le tronc de l'arbre. J'enserre les racines de l'arbre avec les pieds si cela est possible.

Je place une main contre mon sacrum. Le dos de la main est contact avec le tronc de l'arbre.

Je place l'autre main sur le plexus solaire.

J'alterne les mains toutes les 5 minutes autant de temps que je le souhaite.

Méthode 2

Je me tiens debout face à l'arbre.

Je l'enlace avec les bras en essayant d'avoir le plexus solaire et le troisième œil (entre le front et la partie supérieure du nez) en contact avec le tronc. J'enserre les racines de l'arbre avec les pieds si cela est possible.

La nature détient la clé de notre satisfaction esthétique, intellectuelle, cognitive et même spirituelle.

Edward O. Wilson

CHAPITRE 8

Mon chat s'adapte, il sait retomber sur ses pattes, comme on dit

Quelques pensées

Cet Osiris... Décidément, le regarder vivre m'inspire beaucoup. Quant à nos discussions...

Il m'a parlé de ces cactus du désert qui ont développé leurs épines et texture pour résister à la chaleur.

Il m'a parlé de son copain Mercure qui a perdu une patte sous une roue, mais qui vit les jours les plus heureux de sa vie. S'adapter. S'adapter, en comptant sur la plasticité neuronale, cette incroyable capacité du cerveau de réorganiser les réseaux de neurones et leurs connexions en cas de problème... Et ce, à tout âge... S'adapter en pratiquant la pensée positive, en donnant sa confiance à la vie. Osiris a même cité Carl Gustav Jung : « Tout ce à quoi l'on résiste persiste. Tout ce que l'on embrasse s'efface. »

Ma vie en un peu plus chat

Chère maîtresse,

Voici comment... retomber sur tes pattes !

Note sur un cahier tous les événements dont tu t'es relevée. Repense à ce qui s'est passé, à tes sentiments de l'époque, retrace le chemin, mets en évidence les les « heureux hasards » qui t'ont amenée à une forme de résilience. Sois pleine de gratitude pour ce chemin. Vois comme le soleil est TOUJOURS revenu dans ta vie.

Qu'as-tu appris de cet événement ?

Quelles qualités as-tu développées alors ?

Quels cadeaux as-tu finalement reçus ?

Si ton esprit est traversé d'une pensée négative, note-la, puis réponds à ces questions :

Quel événement a induit cette pensée ?

Quel sens peux-tu donner à cette situation ?

Quelles leçons de vie es-tu en train d'apprendre ?

En cas de situation difficile, VISUALISE la réalité que tu souhaites, puis répète des mantras en ce sens plusieurs fois par jour, en utilisant toujours des formes affirmatives.

Développe ta confiance en toi au quotidien. Pour commencer, pratique un sport qui la booste, comme un art martial ou de la danse. Inscris-toi à un club de théâtre ou une chorale. La confiance en soi s'entretient aussi en arrêtant de s'autodénigrer. Les « Je suis nulle », « Je n'y arriverai jamais » doivent cesser. Il faut se féliciter au moins une fois par jour à voix haute.

Osiris

Et la mort dans tout ça ?

Durant ces premiers jours d'observation, la question de la mort m'a souvent traversé l'esprit. Osiris mourra. Je mourrai. Lui probablement avant moi. Comment faire pour accepter la mort ?

Osiris, comment faire pour accepter la mort ? Ou plutôt, quelle vie avoir jusque-là ? Tu me murmures à l'oreille un poème d'Horace, et ce *Carpe diem* résonne fort dans mon cœur. *Carpe diem*, « Cueille le jour présent », tourne en boucle dans ma tête. J'ajoute Ronsard (« Cueillez dès aujourd'hui les roses de la vie »), et me voilà bien décidée à vivre pleinement chaque minute de ma vie. Voir le merveilleux, le miraculeux en chaque chose.

CHAPITRE 9

Mon chat marche « pattes nues »

Quelques pensées

Alors qu'hier j'ai compris l'importance dans la vie de toujours retomber sur ses pattes, je vais plus loin aujourd'hui et je comprends que je dois bien les utiliser, ces pattes ! Et pour Osiris, c'est sans chaussures, évidemment. Un modèle à suivre ?

Je me souviens d'un article que j'avais lu sur le *earthing* (ou *grounding*). Ça m'avait semblé totalement farfelu, mais après avoir observé Osiris, je reconsidère la chose. Pour résumer, le *earthing* est l'établissement d'une connexion électrique du corps humain avec la terre. Oui, comme pour les prises de terre, il s'agit d'une véritable « mise à la terre » qui permet au corps de se libérer de toute la surcharge électromagnétique accumulée.

Regardons bien autour de nous, réfléchissons à notre vie quotidienne : à quels moments notre corps, notre peau sont-ils directement en contact avec les éléments naturels (eau, roche, terre, végétation) ? Bien peu souvent. Revêtements de sol, habitations en étages, port de chaussures en matière synthétique non conductrice... Nos pieds nus s'éloignent de plus en plus de la terre. Maladies auto-immunes, stress, dépressions, maux de tête et insomnies pourraient tous avoir une cause commune : l'incapacité que nous avons à évacuer les excès d'ions positifs cumulés dans notre corps. Or, le fait d'être connecté à la terre restaurerait et maintiendrait l'état électrique naturel du corps humain et favoriserait une santé optimale grâce aux pouvoirs anti-inflammatoire et antioxydant de ces mouvements d'électrons. Pourquoi ne pas essayer en imitant Osiris ? Rien de plus simple, il suffit d'enlever ses chaussures et de marcher pieds nus dehors !

Ma vie en un peu plus chat

Je me reconnecte à la terre en :

- marchant pieds nus sur la plage ;
- grimpant pieds nus sur des rochers ;
- traversant un pré sans chaussures ;
- me déchaussant lors d'un pique-nique ;
- posant les mains sur le tronc d'un arbre (car oui, le *earthing* peut aussi se faire avec les mains !) ;
- jardinant les mains nues ;
- lisant les pieds dans l'eau, assise sur le rivage ;
- nageant le plus souvent dans les eaux vives.

CHAPITRE 10

Mon chat flâne, mais il est toujours curieux

Quelques pensées

À la veille de mes vacances, je me lève rassérénée et j'ai besoin de le faire savoir. Oui ! Le monde entier a quelque chose à nous dire. Mais nous n'y prêtons pas attention. Les arbres, par exemple, on les enlace, on leur parle, on les vénère, mais on oublie de les écouter. Pareil pour les pierres, dont on ne sait rien si on ignore qu'elles sont des montagnes en miniature ! Tout parle, tout vit. Tout est penché sur nous, et nous restons là, penchés sur nous-mêmes, à attendre la révélation, le bonheur, la grâce, ces trucs bon marché qui font rêver et vendre, mais qui ne nous empêchent pas – en tout cas pas moi – d'être pétrifiés par la peur, la souffrance et l'idée du néant. Donner du sens à nos vies est tout à fait possible et ne demande pas grand-chose, si ce n'est un peu d'attention.

Osiris est parti dans le jardin et je l'ai suivi. Est-ce moi qui le suivais, ou le contraire ? Nous avancions à un rythme irrégulier, fait de poses artistiques et de flâneries. Si je décidais de prendre à droite, il prenait à droite, signe de son attachement à moi, puisque c'est à l'extérieur, quand il est vraiment libre, qu'un chat nous exprime ses sentiments. Mais pas trop rapide, la balade ! Le chat a besoin de pauses. Il s'essouffle vite. La vitesse, lui qui court si vite, n'est pas son fort. En réalité, le chat est lent. Les chats contribuent à ralentir le temps, l'avez-vous remarqué? Il faut marcher auprès d'eux pour s'en rendre compte. Ils n'espèrent rien, quand ils se baladent. Ils saisissent ce qui leur est offert, de la souris au simple mouvement de feuilles). Bref, mon Osiris est le prince de la flânerie. De la flânerie, mais pas que. La curiosité semble toujours l'accompagner: « Tiens, que se passe-t-il, et si j'allais voir ?! »

Osiris s'est arrêté sous un buisson. Il se pourlèche et me regarde. Je me suis assise en face de lui, sans rien espérer. Le monde qui m'attend dehors n'est pas aussi beau que mon jardin. Je vais devoir monter dans ma voiture, affronter le bruit, etc. Et puis, je passerai devant ce café. Peut-être flânerai-je un peu… La flânerie est un énorme risque qu'on prend dans notre monde moderne où tout est pronostiqué. Elle est contraire à toutes les lois de la réussite. Je me demande si le flâneur en réalité n'attend pas toujours quelque chose d'imprécis, certes, mais d'absolu.

Osiris, dans la forêt, flâne. Il entend soudain un bruit, toute son attention se focalise. Sa curiosité jaillit telle une flèche. Une curiosité qui met ses sens, son corps et son cerveau en ébullition. Une curiosité qui fait naître mille connexions entre le monde et lui.

Ma vie en un peu plus chat

Je fais entrer la flânerie dans ma vie, sans la moindre culpabilité !

- Je décide de découvrir de nouvelles rues de mon quartier sans avoir rien préparé.
- Je fais le plus souvent possible un détour dans un parc et je me promène dans les allées.
- Je m'arrête dans la rue (pour écouter un groupe de musique, regarder une jolie devanture, etc.) au lieu de toujours filer comme une flèche.
- Je vais au marché : pour acheter les fruits et les légumes de la semaine.

Je deviens plus curieuse au quotidien !

- Dès que j'entends un mot que je ne connais pas, je fonce le chercher dans le dictionnaire.
- Si un concept m'échappe (politique, économique, etc.), je me renseigne au plus vite.
- Je prends un cahier pour noter de nouveaux mots, y coller des articles intéressants, des poèmes, des citations croisées dans la journée…
- J'écoute, je les écoute vraiment, sans préparer une quelconque réponse. J'écoute, j'accueille la parole et je m'intéresse vraiment.

- Je vais voir un film au hasard au cinéma.
- Je demande à un libraire de me donner son avis sur un livre et je suis son conseil les yeux fermés.
- Je change parfois d'itinéraire quotidien. Un autre métro, une nouvelle rue ?
- J'entre dans ce magasin qui m'intimide un peu.
- Je fais une infidélité à mon restaurant préféré pour aller goûter une cuisine inconnue.
- Je change de regard sur ma ville et je la redécouvre comme si j'étais une touriste.
- Je dis plus souvent « oui » que « non » quand on me propose une sortie ou une activité (même si je n'ai pas du tout envie d'y aller...).

Challenges « curieux comme mon chat »

Cette rue, je la connais !

Prendre mille fois dans sa vie la rue du 4-Septembre ou la rue Garibaldi, et ne toujours pas savoir ce qui se cache derrière. Comme me l'a dit Osiris, ce n'est pas le manque de culture qui est embêtant, mais le manque de curiosité ! Mon challenge est donc de me renseigner sur les noms des rues que j'emprunte, pareil pour les stations de métro !

Ce fruit/légume, je le connais !

Mon challenge, en apprendre un petit peu plus sur chaque fruit ou légume que je cuisine ! Les infos générales, mais aussi des détails un peu insolites pour les raconter à table !

J'apprends à écouter !

Mon challenge, apprendre l'art de l'écoute bienveillante et m'intéresser pour de vrai à mon entourage. Se taire et accueillir la parole (de sa famille, de ses amis, de ses collègues, de simples personnes croisées dans la journée).

Je me demande toujours « comment ? »

Mon challenge, vivre toujours en me demandant : « Comment ? » Comment ce tableau a-t-il été fixé ? Comment ce collègue a eu cette si belle idée ? Comment fonctionne une imprimante ? Se poser la question... et chercher la réponse !

Je me demande toujours « pourquoi ? »

Mon challenge, vivre toutes mes journées en me demandant : « Pourquoi ? » Pourquoi le ciel est-il rose ce soir ? Pourquoi les chats ont-ils des moustaches ? Se poser la question... et chercher la réponse !

CHAPITRE 11

Mon chat est indépendant

Petite conversation avec mon chat

MOI
Osiris ! Osiris !

OSIRIS
Quoi ? Je n'ai pas le temps, je dois trouver quoi faire de cette moitié de lézard.

MOI
Ah, bien, tu vois, ça prouve exactement ce que j'étais en train de me dire.

OSIRIS
Pardon, mais je ne comprends pas, ta phrase n'est pas claire, explique toi.

MOI
Ce que je veux te dire, c'est qu'au fond, que nous soyons là ou pas, près ou loin de toi, ça n'a pas vraiment d'incidence. Ni sur ton bonheur ni sur le programme de ta journée.

OSIRIS
Bon, excuse-moi, mais je dois vraiment m'occuper de ce bout de lézard.

MOI
Osiris ! Tu vois, tu n'en as rien à faire de nous.

OSIRIS

Mais si, mais si.
Bon, on se donne rendez-vous ce soir ?

MOI

Je ne suis pas capable d'aller au cinéma toute seule, alors que toi tu fais tout tout seul.

OSIRIS

C'est normal. J'adore ma compagnie et je suis plus efficace seul. J'y trouve une forme de délice.

MOI

Ça me fascine. J'aimerais tellement découvrir ce plaisir d'être seule, même dans les lieux hyper-fréquentés. Je pense qu'on doit en tirer une vraie satisfaction.

OSIRIS

Je te confirme. Et je peux te dire que je ne partagerais pour rien au monde ces moments où j'essaie d'attraper un oiseau.

MOI

Mais ton indépendance n'est pas que dans tes actes.

OSIRIS

Précise s'il te plaît et fais vite, le lézard, je te rappelle !

MOI

Tu sembles absolument imperméable
aux critiques des autres, à leurs humeurs, etc.
Tu traces ta route, quoi qu'il arrive.
Tu suis ton plan, tes intuitions, tes envies.

OSIRIS

Oui, voilà, c'est ça, très bien résumé,
je peux ressortir maintenant ?

MOI

Plus que ça, tu sembles n'avoir besoin
de personne. Moi qui ai l'impression d'être
dans une perpétuelle dépendance affective,
je suis ébranlée d'observer ça chez toi !

OSIRIS

Baudelaire parlait de nous comme de « grands
sphinx allongés au fond des solitudes ».

MOI

C'est beau, et tellement vrai...

OSIRIS

Ma chère maîtresse, il y aurait beaucoup à dire
sur la solitude, je te renvoie à Proust, Kafka, Goethe
ou Giono. Lis comme chacun la perçoit, la vit.

MOI

En parlant de Goethe, il disait...

OSIRIS

Stop. C'est terminé !

Pour résumer, toutes les bonnes choses sont sauvages et libres.

Ralph Waldo Emerson

Ma vie en un peu plus chat

Je choisis mon entourage

Sacré Osiris. Il me pousse à explorer des parties cachées de moi-même. Il m'a conseillé de répondre par écrit à différentes questions. Pour lui, c'est certain, je ne dois pas subir mon entourage, mais le choisir. Et, bien le choisir ! Osiris dit que c'est la loi de l'attraction, que le négatif attire le négatif et le positif, le positif. Il me fait rire, mon chat, il croit que c'est facile, tout ça ?

- T'arrive-t-il de te sentir mal et sans énergie après avoir vu une personne ?
- Comment qualifierais-tu chacune des cinq personnes que tu fréquentes le plus ?
- Es-tu souvent déçue par la réaction (ou absence de réaction) de telle ou telle personne ?
- Es-tu profondément heurtée dans tes relations ?

- As-tu parfois un sentiment diffus de non-satisfaction après un échange ?
- Trouves-tu les personnes qui t'entourent assez positives, indulgentes, etc. ?
- De quels types d'amis voudrais-tu être entourée ?
- As-tu l'impression parfois que ton scénario de vie ressemble à celui de tes plus proches relations ? Si oui, en quoi ? Que cela t'inspire-t-il ?
- Quelles sont les personnes de ton entourage qui te boostent le plus, qui te font rire, réfléchir, qui te donnent de la force, du courage, de la joie ?
- Quel bilan peux-tu dresser après avoir répondu à toutes ces questions ?

Sois indépendante, mais sache pardonner… Petite leçon de Maître Osiris

Dis-moi, ma chère maîtresse, as-tu entendu parler de ce professeur qui, pour enseigner le thème du pardon, demanda à ses étudiants d'apporter un sac de pommes de terre ? Non, tu n'as jamais lu ça dans tes bouquins de développement personnel ? Pourtant, c'est un classique ! Voici un petit résumé.

Ce professeur demanda à chaque élève d'écrire sur des pommes de terre le nom de ceux auxquels il « refusait » de pardonner ou contre qui il avait encore des ressentiments. Chaque pomme de terre devait être portée pendant un mois dans le sac à dos de l'élève. Au fil des jours, les élèves s'aperçurent du poids de ces pommes de terre et ils comprirent aussi le poids psychique de ces colères. De plus, les pommes de terre commencèrent à pourrir… Les élèves comprirent l'urgence de s'en débarrasser au plus vite !

Et toi, quelles sont tes « pommes de terre » ? Détermine ces poids et choisis de t'en libérer, en rédigeant une « lettre de pardon » dans laquelle tu peux écrire ta souffrance passée, tes questions à la personne qui t'a offensée, puis l'expression de ton pardon. Tu peux ensuite lire cette lettre à voix haute, puis la brûler en imaginant que les flammes emportent tout et laissent un espace de paix et de liberté.

Ton chat qui t'aime,

Osiris

(qui pardonne maintes choses aux humains chaque jour !)

J'apprends à dire « non » et à affirmer mes envies – bref, j'apprends à être plus honnête

C'est certain, Osiris sait dire « non ». Et mille fois je me suis dit qu'il avait eu raison. Pendant plusieurs jours, il nous soufflait dessus dès qu'on le caressait sur le flanc. Nous l'avons traité d'égoïste au mauvais caractère, mais nous avons appris qu'il avait un kyste très enflammé qui se développait là. Autre anecdote, il refusait obstinément de monter dans une vieille cabane au fond du jardin. On l'a traité de peureux pendant des mois, lui disant qu'il n'était pas très aventurier. Un jour, où nous faisions un grand tri dans cette cabane abandonnée, nous avons découvert un essaim d'abeilles. L'importance de dire « non », voilà ce qu'Osiris m'enseigne. Pour ne pas me mettre en danger, déjà, mais aussi pour mon bien-être intérieur, pour être plus en paix entre mes désirs, sentiments profonds et la réalité de mes actes.

J'arrête donc de dire « oui » alors que je veux dire « non ». C'est quand même dingue ce que je suis capable de faire à contrecœur ! J'apprends à m'affirmer, comme mon chat. Je mets cela en pratique dans ma vie quotidienne, en famille, dans mon couple, au bureau, avec les amis, dans le bus… Je prends confiance en moi, je mets au placard mes peurs (peur du conflit, peur de déplaire, peur de décevoir, etc.)

et je dis au revoir au rôle que les autres (ou moi-même d'ailleurs !) m'ont assigné, celui de celle qui dit toujours « oui » à tout, même si cela la rend malheureuse ou la met dans l'embarras. Voire dans une situation monstrueuse. Mais qu'est-ce que j'ai été dans des schémas relationnels toxiques ! Mais, bon sang, si je ne dis pas « non » par moments, je nie mes désirs, mes souhaits, ma volonté, et je m'efface par rapport à l'autre ! Quelle horreur, je dois arrêter ça immédiatement ! J'arrête. Je reprends le contrôle.

Conseils d'Osiris pour dire « non » !

Exprime un « non » ferme et franc, en restant toujours polie. Voici le parfait canevas de refus :

1. Reformule la demande ou pose des questions pour être bien certaine d'avoir compris.
2. Dis ensuite : « Non, je ne peux pas », « Non, je ne veux pas » ou « Je ne sais pas ».
3. Explique pourquoi tu dis « non », motive ton refus. Ah, je suis heureux d'être un chat, moi, quand c'est non, c'est non, c'est tout !

Propose éventuellement des alternatives (autre jour, autre moyen, etc.), mais seulement si tu le souhaites vraiment.

Tu dois toujours garder ton désir intérieur comme boussole et refuser de te faire envahir.

CHAPITRE 12

Mon chat adore sa maison

Quelques pensées

Je réfléchis trop ! Je suis trop humaine. Personne ne m'en voudra, bien sûr ; sauf moi. Est-ce qu'Osiris pense, réfléchit, lui ? La dignité de la race humaine n'est-elle pas dans cette volonté de « se réfléchir », de mieux se connaître ? Mais puisque je veux essayer de me rapprocher du chat, ne dois-je pas me contenter d'écouter mes instincts ? Ma gamelle, mon panier, le soleil, les caresses et le calme des horizons ? D'essayer, de ne plus « réfléchir » ?

Aujourd'hui, je ne travaille pas. Je vais rester chez moi. Osiris aussi, comme tous les jours. Il est souvent dit que le chat, plus qu'aux personnes, s'attache aux territoires. Celui d'Osiris comprend la maison, le jardin et une partie de la rue. Jamais plus loin. Je m'interroge : et le mien, de territoire ? Est-ce le même ? En partie.

Voyons : la chambre, la salle de bains, le salon, la cuisine, le jardin. Voilà. C'est mon territoire. Mais qu'en faire ? Le chat, lui, s'adapte à son environnement, sauf si celui-ci lui est vraiment défavorable (présence d'un chien ou d'autres chats, etc.). Il fait même mieux que s'y adapter : il le transforme en cocon. Je dois admettre que pour le chat, il est bien question de confort. Osiris a une manière bien à lui d'empâter son plaid avant d'y tomber pour une longue sieste.

Je suis certaine qu'il est possible de trouver l'harmonie grâce à son mobilier, son bien-être grâce à un équilibre de couleurs, à un choix de matières. N'en faites pas trop et restez dans la forme de simplicité minimaliste qu'Osiris nous a vantée au chapitre 6 ! Visez un intime sentiment de simplicité et de pureté *via* une jolie atmosphère reposante. Oui, tout cela est possible ! Prendre soin de son intérieur est la meilleure façon de se construire un sanctuaire où se ressourcer. Notre intérieur est notre troisième peau (la deuxième étant le vêtement). Chacun devra trouver son harmonie : personnellement, je n'aime pas les pièces trop lumineuses et, en tout cas, si la lumière est importante, primordiale, source de vie, appel de l'extérieur et de l'action, elle ne doit se concevoir qu'en association avec l'obscurité (les rideaux sont donc très importants !).

Autre point. Mais moi je n'aime pas ma maison quand elle est sens dessus dessous. Entendons-nous : je ne suis pas une hystérique du ménage mais je range chaque jour un peu, et je reconnais qu'une pièce en désordre n'incite pas à la sérénité. Faire le ménage, prendre soin de son intérieur (vous apprécierez le double sens ici) peut malgré tout devenir une expérience agréable. La maison est notre refuge, mais aussi le miroir de notre intériorité, de notre façon d'habiter le monde. Cet acte quotidien permet ainsi de prendre conscience de ce qui est important pour soi dans la vie, mais aussi de rendre les choses harmonieuses pour créer une atmosphère accueillante. Un endroit propre et rangé (avez-vous lu le livre de Marie Kondo, *La Magie du rangement*?) favorise les pensées positives et, paradoxalement, aide à investir le monde extérieur, à entreprendre de nouvelles choses, à rencontrer de nouvelles personnes. Il simule quelque chose qui ressemble à la paix.

« Paix », voilà ce que m'inspire mon chat. Qui inspira aussi le célèbre peintre Balthus, surnommé « le Roi des chats » : « Le chat n'est pas un objet posé là où le peintre l'aurait voulu, mais une nécessité intérieure. Les chats sont les génies apaisés de notre demeure, il faut surtout les laisser agir avec cette paix assurée, maîtrisée qu'ils ont[2]. » Le chat, je l'ai écrit plus haut, s'identifie à un espace. Sa grâce lui vient probablement de là. Reconnaissons que nous ne disposons pas de son pouvoir, et que notre rapport à l'espace est plus prosaïque (déterminé essentiellement par la vue et, éventuellement, l'odeur, quand, pour le chat, tous les sens sont requis). Le chat instaure un climat de paix autour de lui. Je n'ai pas ce pouvoir, je ne l'aurai jamais : mais je peux quand même faire quelque chose : le ménage.

---

2. Balthus, *Mémoires de Balthus*, Le Rocher poche, 2016, p. 245.

Ma vie en un peu plus chat

Du rangement et du ménage

- Je fais mon lit tous les matins. On vit sa journée comme on a laissé son lit.
- Je trie régulièrement mes affaires. Je pars du plus petit (un tiroir) vers le plus grand (la pièce).
- Je range tous les objets qui ont la même fonction au même endroit dans la maison (tous les livres ensemble, toutes les chaussures ensemble, etc.).
- Je laisse la maison dans l'état où je souhaite la retrouver (vaisselle faite, table débarrassée, etc.).
- J'instaure une routine quotidienne.

De la déco *cosy* : les accessoires indispensables

- Des coussins confortables.
- Des plaids tout doux.
- De jolies tasses pour des *tea time* gourmands.
- Des voilages et des rideaux pour une lumière chaleureuse.
- Des bougies pour une ambiance intimiste.
- Des lampes pour éclairer indirectement les pièces (au lieu de la lumière du plafonnier).

De la déco *cosy* : les matières bien moelleuses

- De la laine et du coton. Naturelles, elles permettent de créer un véritable cocon.
- De la maille polaire et de la fausse fourrure. Chaleureuses et réconfortantes pendant les longs jours d'hiver, pour humains et félins !
- Des textiles fluides et doux, comme le lin, pour le printemps et l'été !

De la déco *cosy* : les meubles qui font la différence

- Des fauteuils enveloppants avec une assise moelleuse.
- Un canapé avec une assise profonde pour pouvoir se lover.
- Des tables et des meubles en général avec de belles lignes épurées et arrondies.

Illuminer son intérieur

C'est décidé, j'illumine mon intérieur de mille bougies pour faire de mon *home sweet home* l'endroit le plus *cosy* du monde !

Je prends l'habitude de toujours allumer une bougie (ou un chandelier sur la table lors des repas en famille). Et même quand je déjeune ou dîne seule !

Dans les pièces de vie, je joue sur l'accumulation de bougies. Des grandes, des petites, etc. Et je ne laisse pas de côté les bougies chauffe-plats…

J'utilise également des fausses bougies avec une flamme chancelante, ainsi que des guirlandes très fines avec des têtes LED.

Nota bene : bougies et chats ne font pas toujours bon ménage ! Assurez avant tout la sécurité de votre matou.

CHAPITRE 13

Mon chat fait de l'exercice

Quelques pensées

Aujourd'hui, je décide de concentrer mon attention sur l'aspect « sportif » d'Osiris.

Sa toilette terminée, quand il ne veut pas dormir – ça lui arrive –, Osiris a besoin de se dépenser. Suivant son exemple, je me lance dans une série d'exercices tout à fait sérieux. Je n'ai jamais aimé la gym, ni les étirements, ni même courir. Mais j'aime le basket-ball. Alors, je vais chercher mon ballon dans le garage, je demande une pompe au voisin pour le regonfler, et puis je pars à vélo rejoindre le terrain de basket le plus proche de chez moi.

Enchaîner les paniers de basket est une sensation merveilleuse. J'aime entendre le son du ballon emporté par le filet. Le basket-ball oblige à une suite d'actions précises, ritualisées et superposées, ce qui ressemble de près à la vie du chat, une vie rythmée par une cadence mystérieuse, qui tient autant des besoins biologiques que de pavanes lascives, parentes d'une sorte de dandysme…

Je pratique pendant près d'une heure. La pluie qui commence à tomber me dissuade à peine.

Je rentre pour le repas de midi. Osiris me récupère derrière le portail, expressif, ondulant. Je suis fatiguée. Lui « enchaîne », exactement comme au basket.

Attaque, défense, attaque, défense, ah, c'est qu'il veut l'avoir, cette souris. Le secret du chat, je le comprends alors, c'est le rythme. Les grands sportifs, les grands musiciens, les grands architectes ont le même secret. Mais qui dit rythme dit pause : il faut accepter de s'arrêter. Puis, c'est reparti, un aller-retour à vitesse grand V tout en haut d'un arbre, des bonds dans le couloir, des croche-pattes à tout le monde dans le salon, puis ça repart en trombe à l'étage... Orisis est un athlète !

Ma vie en un peu plus chat

Ma chère maîtresse,

Je vois bien que tu m'observes dès que je m'active. Pour te dire la vérité, je trouve ça un peu oppressant ! Tu n'as donc jamais vu un chat courir comme un dingue dans le couloir de la maison, faire des cabrioles en l'air et gambader dans la nature ?! Je sais ce que tu te dis puisque tu m'as parlé de ta quête de bien-être et de bonheur.
Je vais y aller cash : il faut se bouger. Moi, je fais à peu près 5 heures d'exercice par jour ; pas mal, non ? C'est primordial, pour être bien dans son corps

(des dizaines d'années de recherche ont montré qu'une activité sportive régulière diminue le risque de développer de nombreuses maladies – pathologies cardiovasculaires, obésité, diabète, cancer – et augmente la durée de vie, de même que la mémoire) et dans sa tête ! C'est la pierre angulaire d'une bonne santé. L'activité physique est bonne pour le moral, car elle a une action directe sur le cerveau (son irrigation, la connexion de tous ses neurones, etc.) et tout ton système hormonal. Comme tu peux le constater, moi, l'exercice physique, c'est tous les jours, mais l'idéal pour toi serait un minimum de trois séances par semaine. Alors, fais comme moi, je te promets, ça va te changer la vie.

Mes idées, je compte sur toi :

- Faire 30 minutes de marche par jour (avant le travail ? pendant la pause déjeuner au travail ? après le dîner ?).
- S'inscrire à des cours de yoga, de taï-chi ou de qi gong.
- Courir. Ça ne coûte rien et tu peux le faire partout ! Pas d'excuses. Commence par 5 minutes, puis 10, etc.

- Instaurer un rituel de rando en pleine nature en solo, en famille ou entre amis. L'important, c'est la régularité.
- Te créer un rituel abdos/fessiers/bras de 10 minutes quotidiennes chez toi.
- Renouer avec une activité physique que tu pratiquais dans ton enfance ou adolescence.
- Motiver tes copines et vous réunir au parc pour un petit training ou dans un salon devant une vidéo de fitness.
- Oser faire un sport de plein air un peu « waouh », pour que tu te rendes compte de ce que je vis quand je virevolte à la cime des arbres ! Plein de possibilités s'offrent à toi : canoë, équitation, escalade, voile, etc. Ose !

Ton Osiris

P.-S. : Hier, j'ai surpris au loin mon copain Orion (le tigré) faire de drôles d'exercices devant l'ordinateur de ses maîtres. Il avait l'air un peu bête, mais tellement heureux ! Il répétait des phrases du type « j'adore la vie que je mène », « je suis fort », tout en bougeant son corps comme Rocky. Je voulais comprendre ce qui se passait, alors je me suis approché. Il m'a dit « C'est simple, c'est Wendy Suzuki et elle a changé ma vie ». Comme je lui demandais plus de détails, il m'a appris que c'était une chercheuse américaine en neurosciences qui montrait comment des mouvements du corps associés à des pensées positives exprimées à haute voix avaient des effets incroyables sur le moral et la vie elle-même ! Elle parle même de vie transformée (dans l'humeur, mais aussi dans les faits eux-mêmes). Va voir ses vidéos sur Internet, tu vas adorer !

CHAPITRE 14

Mon chat prend le temps de vivre

Quelques pensées

À regarder Osiris vivre au quotidien, je ne peux que me rendre à l'évidence : il prend le temps de vivre, celui-là, et ça lui réussit plutôt bien. Il me l'a clairement dit l'autre jour, avec un poil d'agacement, « Bon sang, mais prends un peu le temps de vivre ! »

Osiris, quand il fait quelque chose, est pleinement dans son action, en plus, il la vit jusqu'au bout, il prend le temps que ça doit prendre. Je ne l'ai jamais rien vu bâcler ni rien faire à la va-vite. Une heure pour déloger un petit bout de fil qui dépasse de la poubelle ? Pas de soucis, il restera là jusqu'à ce qu'il arrive à l'avoir, ce fichu bout de ficelle. Je ne l'ai jamais vu se contraindre à faire quelque chose ni à rester sourd à ce que son corps ou son cœur lui dictaient. Il a un coup de mou, Osiris ? Eh bien, le reste de son programme de la journée attendra bien, pour l'instant, il écoute son besoin, son désir et il s'affale sur le tapis.

Grâce à lui, j'ai conscience qu'il faut savoir prendre ce qui se présente et accepter de ne pas suivre exactement ce qu'on avait planifié. La vaisselle du soir peut attendre le lendemain, un verre avec une amie reste plus important que la paperasse à classer, le soleil ne brille pas tous les jours et un beau paysage est un cadeau de la vie à contempler maintenant... Il faut prendre le temps de vivre...

Ma vie en un peu plus chat

J'adopte un rythme plus lent...

- J'arrête de faire mille choses à la fois. Une chose après l'autre.
- Je prends le temps de bien manger. Je respire, je mastique, je pose mes couverts entre chaque bouchée...
- Je regarde autour de moi quand je marche dans la rue au lieu de foncer droit comme une flèche !
- J'arrête de programmer mille activités pour le week-end. J'apprends simplement à être à la maison pendant un week-end !
- Je redécouvre tous les gestes du quotidien, mais en ralentissant un peu. Pour ce faire, je change mon regard. Préparer un repas devient une corvée à expédier le plus rapidement possible, mais un véritable plaisir.
- J'arrête de m'exciter au volant de ma voiture et contre ce feu rouge bien trop long à mon goût. Je profite plutôt de cet instant pour regarder autour de moi, respirer profondément, etc.

Conseil d'Osiris :
Adopter le slow movement, et viiiite !

Osiris m'a fait un exposé sur le *slow movement*. Apparemment, ça pourrait une des clés de mon épanouissement personnel ! Voici ce que j'ai retenu de ce que m'a dit Osiris... Si je me souviens bien, ce mouvement est apparu dans les années 1980 en réponse à une explosion du nombre des victimes de stress intense. Ce mouvement entend combattre les méfaits de nos sociétés modernes en incitant les gens à adopter un rythme plus lent (aïe, aïe, je ne sais pas si je vais y arriver...).

Ainsi, le mouvement se divise en plusieurs branches :

Le *slow food*, prônant un retour à la cuisine maison avec des produits frais et locaux. L'antithèse de la « malbouffe » en somme.

Le *slow cities*, qui valorise des modes de circulation doux (marche, vélo...) dans les villes afin de réduire la pollution et le bruit.

Le *slow travel*, qui incite à prendre le temps de voyager par des moyens autres que l'avion et à se mêler aux populations locales. Pour un moindre impact sur l'environnement, les transports en commun, la marche ou le vélo sont largement plébiscités.

Je me dore la pilule au soleil

Le soleil et Osiris, c'est quand même une grande histoire d'amour. Il trouvera toujours LE rayon de soleil pour aller profiter de sa chaleur. Je le comprends, je crois que mes souvenirs les plus heureux sont ces moments en vacances où le soleil caresse et chauffe ma peau. Quelle sensation de bien-être... Merci de me le rappeler, mon petit chat d'amour ! Je suis bien bête de me limiter aux seules vacances... Le soleil, c'est toute l'année ! Alors, j'essaie de me donner un moment « sunny » chaque jour pour en retirer des bienfaits pour l'esprit, le cœur et le corps. D'ailleurs, Doctissimo me dit que la lumière du soleil fait secréter les neuro-hormones du bien-être ! Et que les endorphines qu'il permet de libérer ont un effet relaxant sur les tensions musculaires... Osiris, tu as raison pour tout ! J'apprends qu'en plus de donner le moral, le soleil permet aussi de :

- Fortifier les os (en permettant la synthèse de la vitamine D) ;
- Réguler l'horloge interne (en synchronisant les phases d'éveil et de sommeil) ;
- Réguler l'appétit (en supprimant les envies de grignotage et les envies de sucre ou de gras) ;
- Baisser la pression artérielle ;
- Booster le système immunitaire ;

- Apaiser les problèmes de peau (eczéma, psoriasis, etc.) et la fatigue oculaire.

C'est décidé !

Je m'expose au soleil 15 minutes 3 fois par semaine, en privilégiant l'exposition des avant-bras. Jamais plus de 30 minutes et jamais entre midi et 17 heures l'été. À la terrasse d'un café, dans un parc, sur le balcon ou simplement à ma fenêtre... les occasions ne manquent pas.

Erreur, messieurs dames !

On croit souvent à tort que les chats recherchent les caresses quand ils viennent se coucher sur nos genoux ou qu'ils frottent leur visage au nôtre. En réalité, les chats recherchent notre chaleur ou essaient de marquer leur territoire avec leurs phéromones. Il n'est pas question de câlin ou d'affection... Cependant, voyons-y des gestes d'affection : nous avons en effet besoin d'être touchés et embrassés, de toucher et d'embrasser. Alors, oui, embrassons-nous, câlinons-nous. Là aussi, il est question d'hormones du bien-être libérées par le corps, pendant ces contacts.

Je mets en place une nouvelle routine « du temps pour moi »

- Je prends un moment une fois par semaine après le travail pour flâner en ville, voir mes amis, etc.
- Je prends du temps dans le mois pour prendre soin de moi physiquement (hammam, coiffeur, etc.), mais aussi « intérieurement » (tête-à-tête avec un livre, visite d'exposition entre amis, etc.).
- J'apprends à dire « non » par moments à mes enfants. « Non, je ne ferai pas 2 heures de route pour t'emmener à cet escape game » ou « Désolée si tu n'aimes pas ce plat, mais il n'y a que ça ».

- Je vise au moins trois kifs par jour. Une pâtisserie, une bonne série le soir après le travail, une promenade en forêt...
- Je pars du travail à l'heure... officielle ! Pas de présentéisme absurde !
- Je réorganise les tâches domestiques entre tous les membres de la maison pour récupérer de précieux moments pour moi, et rien que pour moi.
- J'organise un dîner « céréales » un soir par semaine. En gros, chacun se débrouille et moi, j'ai plus de temps.
- Je range et organise ma maison au mieux pour ne pas perdre du temps inutilement avec une maison qui tourne mal (voir chapitre 12).
- J'apprends à déléguer et à laisser aux enfants plus d'autonomie. Il n'est peut-être pas nécessaire de rester avec eux quand ils font leurs devoirs. Une vérification finale devrait suffire.

CHAPITRE 15

Mon chat entretient son *flow*

Petite conversation avec mon chat

Hier, alors que je questionnais Osiris sur je ne sais quel sujet, il m'a parlé du *flow*. Curieuse, évidemment, je voulais qu'il m'explique davantage ce qu'il entendait par là, mais il n'avait pas le temps, il voulait faire un tour dehors. Je tente une nouvelle approche.

MOI
Alors, Osiris, comment va ton flow *aujourd'hui ?*

OSIRIS
Oui, parlons du flow *!*

MOI
Alors, dis-moi, c'est quoi, le flow *?*

OSIRIS
Attention, prends des notes. Le flow*, en psychologie positive, c'est l'état mental atteint par une personne lorsqu'elle est complètement plongée dans une activité. Pour être plus précis, c'est ce moment où elle se trouve dans un état maximal de concentration, de plein engagement et de satisfaction dans son accomplissement.*

MOI
Ah, oui je vois… ! Alors, hier quand je t'observais, tu étais bien dans un état de flow *!*

OSIRIS

Tu as vu, j'étais absorbé par ce que je faisais. En même temps, comment pouvait-il en être autrement face à ces herbes folles qui dansaient sous mes yeux ? J'allais bien finir par les attraper !

MOI

C'est dingue comme tu avais l'air heureux, et tellement dans l'instant présent. Ça t'arrive souvent de ressentir ça, d'être dans ce flow ?

OSIRIS

Je dois dire que c'est une grande chance que nous avons, nous les chats. Le flow, on l'expérimente très souvent dans une journée.

MOI

C'est fou parce que jusqu'à présent, je n'avais entendu parler que du flow en musique, pour le rap en particulier.

OSIRIS

Oui, mais pourtant ce concept a été élaboré par le psychologue hongrois Mihály Csíkszentmihályi dans les années 1970.

MOI

Ça fait envie tout ça, vraiment, peux-tu mieux me décrire ce que tu ressens dans de pareils moments ?

OSIRIS

Difficile, c'est un état... d'extase, oui, je parlerais quasiment d'extase. Puis je ressens comme une immersion totale dans l'activité que je fais et qui me rend alors le plus heureux du monde.

MOI

Continue, continue !

OSIRIS

Je dirais que ma concentration est focalisée sur le moment présent, que la distance entre l'objet et moi semble s'envoler...

MOI

Non, mais c'est dingue tout ça !

OSIRIS

Oui, c'est vrai, puis il m'arrive même parfois de perdre le sentiment de ma propre existence. Je ne vois pas le temps passer, ce n'est pas une formule, j'ai l'impression qu'il y a parfois une faille temporelle ! Encore hier, j'ai eu cette sensation quand je jouais dans le couloir avec la balle. J'oubliais, j'adore aussi le sentiment de contrôle que j'ai à ces moments-là.

MOI

Osiris ! Mais je veux vivre la même chose ! Tu crois que c'est possible ?

Ma vie en un peu plus chat

Je fais entrer le *flow* dans ma vie

Avant toute chose, je me pose ces questions :

- Dans quelles situations est-ce que j'arrive à faire abstraction de ce qui m'entoure ?
- Ai-je déjà ressenti une sensation que je pourrais qualifier de *flow* ?
- Quelles activités de mon quotidien pourraient me faire vivre facilement l'expérience du *flow* (lecture, activité artistique, sport, marche, nouvel apprentissage ?).

J'apprends à reconnaître le *flow* quand il apparaît

Je me pose les questions suivantes pour savoir si je suis ou non dans le *flow* durant une activité :

- Suis-je extrêmement concentrée et totalement engagée dans ce que je fais ?
- Ai-je le sentiment d'être coupée de la réalité ? De perdre la propre conscience de mon corps, de mon existence ?
- Ai-je l'esprit clair ? C'est-à-dire : est-ce que je sais parfaitement ce que je fais et comment je le fais ?

- Suis-je consciente que la tâche est réalisable, même si elle est difficile ?
- Suis-je sereine ?
- Suis-je dans le moment présent ?
- Ai-je une grande motivation pour ce que je fais ?
- Ai-je une perception du temps inhabituelle ?

Je mets tout en place pour atteindre le *flow*

- Je me concentre sur une seule tâche à la fois. Une activité, un objectif clair et pas de distraction.
- Je choisis une tâche réalisable, mais qui représente un défi ; cette notion de défi est essentielle.
- J'ai un objectif très clair (apprendre cette chanson, marcher X kilomètres, etc.).
- Je détermine le moment de la journée où ma concentration est la meilleure.
- Je mets de côté mes émotions. Pour ce faire, j'adopte une séance de méditation quotidienne (voir chapitre 3) ou je couche ces émotions dans un journal intime.

CHAPITRE 16

Mon chat ne se fie pas aux apparences, lui

Petite conversation avec mon chat

Là, vraiment, je ne comprends pas Osiris. Il se frotte aux jambes de la voisine que je n'aime pas trop. Il n'arrête pas, alors que moi, je n'attends qu'une chose, c'est qu'elle s'en aille, la voisine. J'en parle à Osiris à la première occasion.

MOI

Osiris ! Non, mais franchement,
qu'est-ce qui t'a pris avec la voisine tout à l'heure ?

OSIRIS

Ben rien, pourquoi ?

MOI

Tu ne la trouves pas bizarre, la voisine ?

OSIRIS

Non.

MOI

Si, sois honnête, sa façon de parler, son allure,
tu ne trouves pas qu'elle a un truc de bizarre ?

OSIRIS

Non. Comme tous les chats, je suis myope, je vois flou
au-delà de 75 cm. Alors, ces considérations
sur l'allure, ça me dépasse un peu.

MOI

Oui, mais quand même, on perçoit beaucoup de choses au premier coup d'œil, non ?

OSIRIS

Regarde les choses sous un autre angle en te rappelant comme parfois, au contraire, ton enthousiasme te porte à trop attendre de l'autre, et à en faire une « âme sœur », sur la foi de deux ou trois impressions favorables !

MOI

Oui, tout ce que tu me dis est vrai. En gros, tu me dis que je suis superficielle ? Pardon, grand maître yogi !

OSIRIS

Non, en gros, je dis que tu devrais arrêter de te fier aux apparences et t'en remettre à tes autres sens. Vraiment, tous ces jugements, même positifs, restent des jugements superficiels. Seules les apparences sont jugées (apparence physique, mais aussi apparence de générosité, apparence d'humour, apparence de sagesse, etc.).

MOI

Osiris... Ce que tu me dis là est tellement... tellement...

OSIRIS

... et quand bien même l'apparence pourrait refléter convenablement la personne, ce n'est pas une raison pour s'y fier : tout est changeant chez l'être humain !

MOI

Mais je ne suis pas un chat, moi, comment pourrais-je sentir les phéromones ?

OSIRIS

Reconnecte-toi à tes intuitions profondes et ne te laisse pas avoir par « tout ce qui brille ». Je ne suis pas le seul à penser ça : Marcel Pagnol disait que si l'on jugeait les choses sur les apparences, personne n'aurait jamais voulu manger d'oursin. À méditer.

MOI

Tu as raison, à méditer. Mais quand même, tu te trompes, parfois je cerne la personnalité de quelqu'un uniquement en fonction de mon « instinct ». Tu as bien dû déjà m'entendre dire : « Alors lui, je ne le sens pas », ou bien « Elle, je crois qu'on n'est pas du tout faites pour s'entendre ».

OSIRIS

Oui, mais je te dis que tu te bases sur l'apparence des êtres et les premières impressions superficielles. Demande-toi qui, actuellement dans ton entourage, tu juges sur les apparences.

MOI

Oh, Osiris, c'est difficile ce face-à-face que tu me proposes avec moi-même. Difficile, car peu flatteur...

C'est peut-être parce que tu as modérément besoin de ton prochain (homme ou chat) que tu as le temps de poser un regard tout autre sur lui.

OSIRIS

Oui, il y a une part de vrai dans ce que tu dis. Comme je suis détaché des nécessités du relationnel, je n'entre dans aucune tactique dans ma perception des autres. Je suis vrai dans mon rapport aux autres.

Conseil d'Osiris :
« Change ton regard, bon sang ! »

Osiris est persuadé qu'il est urgent pour moi de me détourner des apparences, et du pouvoir trop évident, trop facile, de mes yeux. Il y va fort, il me dit même que je dois **réapprendre ce qu'est le regard et me souvenir qu'il n'est pas la vue**.

C'est la leçon d'Osiris : il y a ce que je vois (avec ma vue) et ce que j'envoie (par mon regard). Le regard est indépendant de sa fonction, même un aveugle a un regard. Le regard se voit et se juge. Il est un objet et un sujet, exactement comme le langage. Le regard le premier, le plus direct de nos langages.

Osiris ne m'annonce décidément pas que de mauvaises nouvelles : grâce à lui, je redécouvre la beauté de nos regards et l'envie d'en découvrir d'autres. Je dois me battre pour que mes yeux laissent la place à mon regard. Regarder un être humain (lui offrir mon regard, et accepter le sien) est une chose singulière et profonde.

J'aime dans le chat cette indifférence avec laquelle il passe des salons à ses gouttières natales.

Chateaubriand

Ma vie en un peu plus chat

Je développe ma gentillesse

C'est peut-être étrange d'associer la notion de gentillesse à un chat. Un chat, ce sont aussi des coups de griffes, de petites morsures et plein de moments où il nous ignore royalement ! Et pourtant. Cette discussion avec Osiris incite à la gentillesse, il me semble que le fait de ne pas se fier aux apparences pour émettre de mauvais jugements est lié à cette notion.

Autre difficulté, la gentillesse est déconsidérée… Vue comme un signe de faiblesse, de passivité, voire de bêtise. Et pourtant ! Une chose importante à faire pour être plus heureux dans sa vie est de développer sa gentillesse, car oui, c'est une force ! Pourquoi ? Parce que la gentillesse crée des contextes favorables à l'échange, au partage, à la confiance, au plaisir... Des contextes essentiels pour apprendre, guérir, mener des combats collectifs, etc.

Les super-pouvoirs d'un gentil (observations transmises par Osiris)

Un gentil est unique dans notre monde !

Il fait passer ses idées plus facilement.

Il peut quasiment tout dire.

Il maintient le cap, fidèle à ses valeurs.

Il a une attitude qui se suffit à elle-même, pas besoin de défendre d'expliquer, etc.

Il est capable d'opposer un « non » sans conflit.

Il motive les groupes comme personne.

Il est courageux, car il se présente à cœur ouvert.

Il est souvent très positif et créatif !

Je deviens bienveillante au quotidien

- Charité bien ordonnée commence par soi-même. Je me dis des choses bienveillantes dès le matin. Osiris m'a dit que ça s'appelait le « *positive self-talk* » !
- J'encourage mes amis au quotidien dans les actes et dans les mots. Je suis un réel soutien.
- J'apprends à être dans une écoute bienveillante et active. Se taire pour accueillir la parole de l'autre, ne pas répondre quoi que ce soit, ne pas alimenter la conversation d'anecdotes personnelles ou de son propre affect. Au contraire, ne rien plaquer de soi dans la parole de l'autre et l'entendre pour de vrai.
- Je fais un acte de bienveillance par jour envers quelqu'un. J'offre un café, un sourire, un compliment...

CHAPITRE 17

Mon chat aime le silence

Tout le malheur des hommes vient d'une seule chose, qui est de ne pas savoir demeurer en repos dans une chambre.

Blaise Pascal

Quelques pensées de chat

Chère maîtresse,

Je te laisse cette citation. J'espère que ces paroles résonneront en toi...

Je n'aime pas ça, moi, le bruit. Je pars quand le son est trop fort, suivant une logique instinctive très efficace, qui garantit ma sécurité. Contrairement à vous, les êtres humains. Oui, je sais ce que tu vas me répondre, que nous les chats entendons un plus large spectre de fréquences et que c'est pour cela que nous sommes plus sensibles que vous. Mais quand même, je pense que vous vivez dans beaucoup trop de bruit et que vous êtes incapables d'écouter votre musique interne ni tout ce que le silence a à vous dire. Une récente étude a montré que plus ton logement était près d'un grand axe routier, plus tu risquais d'avoir des problèmes cardiaques ! Te rends-tu compte ? Le bruit a un impact négatif sur ton mental et sur ton corps. Aie conscience de cela…

Ton Osiris adoré

Ma vie en un peu plus chat

Mes nouvelles habitudes

- J'écoute avec attention « les bruits du silence ». Le ronron du réfrigérateur, l'escalier qui craque, le vent dans le feuillage des arbres du jardin… Je me rends compte que j'ai la chance de les entendre parce que je suis dans un environnement calme.
- Je prends conscience que le silence peut être merveilleux. Je le chéris et le recherche. J'écoute ce qu'il a à me dire.
- J'évite les lieux bruyants dans ma vie quotidienne et durant mes loisirs. Sinon, je protège mes oreilles avec des bouchons.

- Je privilégie toujours les lieux calmes.
- Je baisse le son de la télé et de la radio.
- Je me rappelle qu'au-delà de 85 décibels, un bruit est nocif : pas d'exposition prolongée sans protection !
- Je m'efforce parfois de parler moins fort (Osiris m'a dit qu'il trouvait que je parlais toujours trop fort quand je recevais des amis à la maison...).
- Je mange en silence quand je suis seule (manger en paix et en conscience permet le travail optimal des organes et une bonne digestion).
- Je ne mets pas la radio automatiquement dans la voiture. Si j'ai une conversation en roulant, un fond sonore perturbe et fatigue.
- Je fais des activités en silence, sans musique ni radio (cuisiner, coudre, etc.).

Ma quête du silence intérieur

Parce qu'il est souvent difficile de se soustraire au bruit extérieur, j'apprends à trouver le « silence intérieur ». Oui, le silence au fond de soi, malgré le bruit de la rue, des voisins. Beau projet, mais un travail mental de longue haleine, qui en vaut sacrément le coup selon Orisis. Une fois que je l'aurai maîtrisé, je serai capable de plonger dans mon silence intérieur quand bon me semblera. Il faut s'entraîner à :

- Laisser passer les images mentales de ce qui nous pose un problème (la source du bruit en l'occurrence) ;
- Laisser passer les sentiments de colère, d'impuissance, voire d'humiliation dans cette situation.

Le silence est d'or

Peut-être devrais-je essayer de moins parler ? Au travail, en famille ou avec mes amis. *Que votre parole soit impeccable, parlez avec intégrité, ne dites que ce que vous pensez*, nous dit le premier accord toltèque*, alors que la Bible nous invite à être *prompts à écouter* mais *lents à parler* et loue celui qui *met un frein à ses lèvres*. Le silence est aussi le silence des mots, la suspension de la parole…

* *Les Quatre Accords toltèques* est un livre devenu best-seller, écrit par Miguel Ruiz. L'auteur y décrit quatre principes à appliquer au quotidien pour vivre en harmonie avec soi et les autres. Ces quatre accords sont les suivants :

1. **Que votre parole soit impeccable.**
2. **N'en faites jamais une affaire personnelle.**
3. **Ne faites aucune supposition.**
4. **Faites toujours de votre mieux.**

CHAPITRE 18

Mon chat prend soin de lui

Quelques pensées

Osiris est quand même le champion toutes catégories du toilettage. Il l'élève au rang d'art. Chaque coup de léchouille semble être un moment sacré. Quand je l'observe faire sa toilette avec tant de soin et de ferveur, je trouve cela très émouvant, ce soin qu'il apporte à chaque centimètre carré de son pelage. Il se fait du bien en prenant soin de lui, mon Osiris.

Sans montrer trop d'affectation ou de superficialité, on peut quand même avancer qu'une bonne présentation ne nuit à personne et, même, qu'il est important d'être beau. Pourquoi le chat a tant d'admirateurs ? C'est parce qu'il est beau. Léonard de Vinci, a écrit que « le plus petit des chats est un chef-d'œuvre ». Être beau, c'est se tenir prêt. C'est un message important qu'on transmet, et il est idiot, sous prétexte que la beauté est subjective, éphémère, relative ou superficielle, d'en nier les pouvoirs. Pour être beau, il faut retrouver le beau en soi : seul l'accord donne la beauté.

Le chat nous enseigne, à ce propos, que la beauté est partout. La beauté d'un visage, entre assez peu dans le désir qu'on a de quelqu'un. C'est qu'un visage n'est jamais nudité, alors qu'« une belle main commence à en devenir une » (Marivaux). Un chat est beau même quand son visage est balafré. Le pire, en matière de beauté, est de se croire beau. Il convient d'être beau et modeste. Beau et secret. Beau pour rien, beau pour personne, même pas pour soi.

Ma vie en un peu plus chat

Mes nouvelles habitudes beauté

Plus question de me laver à la va-vite, à moitié endormie. Non. Ce moment de la douche ou du bain doit être vécu en pleine conscience. Pareil pour le moment où je me maquille et m'habille le matin.

- Je chauffe bien la salle de bains pour créer un environnement agréable.
- Je fais en sorte que la salle de bains ait toujours une jolie lumière. Pas de lumière crue qui agresse. Je peux installer un petit rideau, ou scotcher du papier de soie (rouge, orange, etc.) sur la fenêtre, effet *cocooning* garanti !
- Je fais attention à mes sens, je sens cette eau chaude qui coule sur mon corps, je hume ce merveilleux gel douche, etc. Ici et maintenant, le délice de l'instant, la jouissance d'être en vie, le plaisir des sens.

- Je crée un rituel beauté au moins une fois par semaine. Même jour, même heure, chaque semaine. Un bain avec des bougies ? Un masque et autres secrets d'éclat sur un air de musique classique ? À chacun de trouver sa routine.
- Je me détends grâce aux huiles essentielles de :
  - lavande vraie ;
  - bois de rose ;
  - ylang-ylang ;
  - laurier noble ;
  - petit grain bigarade.

Je prends soin de moi avec des produits naturels

Je ne vais pas me tartiner la peau de produits douteux. Parabène dans les crèmes, conservateurs dans les dentifrices ou sels d'aluminium dans les déodorants nous intoxiquent, c'est évident. Il est peut-être temps de dire STOP et de revenir à des choses plus simples. Mais quelles pistes explorer pour prendre soin de moi de façon plus naturelle ?

Les huiles végétales

Ces huiles (d'amande douce, d'avocat, de nigelle, de macadamia, etc.) apportent à l'épiderme des acides gras essentiels et des vitamines (E et A) qui sont de puissants antioxydants. Il faut les choisir de première pression à froid et de qualité biologique. Elles laissent toujours un léger film gras à la surface de la peau ; loin d'être un problème, il participe à l'hydratation.

L'argile

Connue depuis la haute Antiquité, l'argile est un cadeau de la terre. Verte, blanche, rouge, jaune, elle se décline sous de nombreuses formes dans l'univers de la beauté. Gorgée de minéraux (silice, fer, magnésium, zinc...), absorbante, adoucissante, antiseptique et cicatrisante, elle s'invite dans de nombreuses recettes de cosmétiques naturels. Attention, il faut toujours privilégier une argile en poudre « garantie séchée au soleil » et ne jamais la mettre en contact avec du métal (pot en bois ou en verre).

Le gel d'aloe vera

Le gel d'aloe vera est hydratant, reminéralisant, calmant, cicatrisant et antiseptique s'il est bio et pur (98 % au minimum). Véritable trésor de la cosmétique naturelle, il convient à tous les types de peau ainsi qu'aux soins des petits tracas du quotidien (irritations, piqûres d'insectes, coups de soleil, feu du rasoir...).

Les hydrolats

Les hydrolats sont toniques, stimulants et permettent un nettoyage en douceur de la peau. Ce sont des eaux aromatiques, parfois appelées eaux florales, qui contiennent des « traces » de molécules d'huiles essentielles puisqu'il s'agit de l'eau résiduelle après la distillation des plantes pour obtenir ces huiles. Les hydrolats ont donc les mêmes propriétés qu'elles, mais ils sont plus doux et sans contre-indication. Le choix est vaste : camomille, rose, géranium, citron, bleuet...

L'art et la manière de se brosser

C'est marrant de voir à quel point Osiris aime quand je le brosse. Une forme d'extase. J'ai lu un article sur Internet sur le brossage à sec, ça fait envie. L'idée est de se brosser le corps (totalement sec) avec une brosse en fibres naturelles (sèches également). Entre 5 et 30 minutes plusieurs fois par semaine en faisant des petits mouvements circulaires de bas en haut. On commence par les chevilles et on remonte vers le cœur.

La peau fait partie de nos cinq émonctoires, ces organes épurateurs de l'organisme. En filtrant les déchets hors du sang et de la lymphe et en les rejetant à l'extérieur du corps, la peau participe à la détoxification du corps. Pratiquer le brossage à sec va soutenir cette fonction (en stimulant la lymphe et indirectement le sang et le système nerveux) et offrir un vrai bien-être, sur le moment (la sensation de la brosse sèche sur la peau sèche est très agréable), et sur le long terme.

Passer au brossage à sec, c'est :

- un sommeil retrouvé ;
- une meilleure immunité ;
- une peau douce et lumineuse ;
- une diminution des capitons ;
- un au revoir aux problèmes de peau.

C'est décidé, je vais me brosser TOUS LES JOURS !

Nota bene : lors du brossage à sec, il est important de ramener le mouvement vers les zones dotées de ganglions : au niveau des aisselles, de l'aine et du haut du torse. Pour le ventre et le dos, on effectue de petits ou grands ronds en fonction de l'accessibilité de la zone, sans oublier l'intérieur des mains et le dessous des pieds, des zones où stagne la lymphe.

CHAPITRE 19

Mon chat a souvent l'air content

Petite conversation avec mon chat

Osiris me fait l'effet d'un sage ou, plus simplement, d'un gars heureux de vivre. Content après ses croquettes, content le matin, content le soir, content d'aller dormir un peu, content de se réveiller, content d'être seul, content de jouer avec moi, content de la pluie, content du soleil. Content.

MOI
Alors, mon chat, en fait tu es un vrai épicurien !

OSIRIS
Que veux-tu dire ?

MOI
Je veux dire que tu es dans le bonheur présent.

OSIRIS
Je dirais que je suis dans la possibilité du bonheur que chaque instant offre.

MOI
Waouh, je vois que tu philosophes aujourd'hui !

OSIRIS
Écoute, je ne comprends pas trop l'idée de parler du bonheur, il se vit, c'est tout. Ça me paraît évident.

MOI

Pardon de ne pas avoir atteint ton degré d'éveil !

OSIRIS

Quand j'ai mangé mes croquettes ce matin : j'avais faim, j'ai répondu à mes besoins, je suis content après ça, c'est normal, non ?

MOI

Tu veux dire qu'un bon moyen d'apprendre à être plus content dans la vie serait déjà de reconnaître avec gratitude la satisfaction de ses besoins ?

OSIRIS

Oui, je l'expérimente tous les jours, le simple fait de voir mes besoins primaires comblés est une immense source de joie !

Je vis dans la gratitude !

Dire merci est une clé pour une bonne santé émotionnelle. Cet acte, si simple, procure un sentiment de bien-être en écartant les idées noires. Je me réjouis de ce que j'ai vécu ou ressenti il y a 1 jour, 3 mois ou 10 ans. Allez, j'entraîne mon esprit à la reconnaissance, à la gratitude et peut-être même au bonheur.

- **J'écris une lettre de gratitude à quelqu'un que j'aime, qui compte beaucoup pour moi...**
  ... et ensuite, je l'envoie à son destinataire, ou, encore mieux, je lis cette lettre à voix haute devant la personne à qui sont destinés ces mots.

  Je dis « merci »
  Tous les soirs avant le coucher, j'écris mes cinq mercis de la journée écoulée.
  Du menu détail qui vous a rendu joyeux à l'événement le plus fou de la journée, beaucoup de choses peuvent faire l'objet d'un MERCI !

J'identifie mes besoins

Osiris a été clair sur l'importance de satisfaire nos besoins. Encore faut-il les connaître ou les reconnaître ! Osiris m'a rafraîchi la mémoire au sujet d'**Abraham Maslow**. C'est un psychologue américain qui élaboré une théorie, selon laquelle l'homme cherche à satisfaire ses besoins dans un ordre hiérarchique, qu'il représente par sa célèbre **pyramide des besoins**.

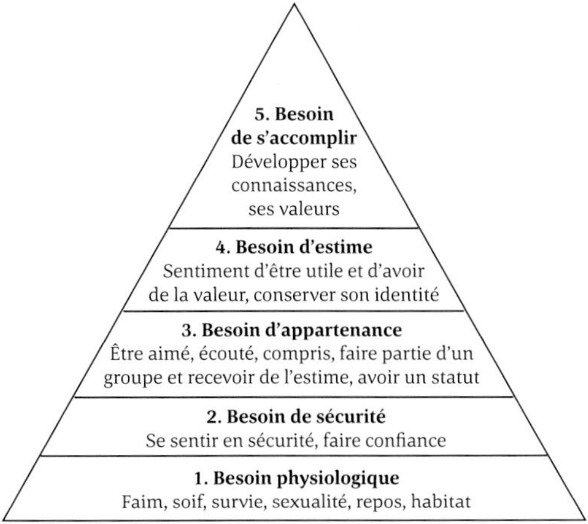

En regardant cette pyramide :

- J'identifie les besoins qui sont satisfaits ;
- Je distingue les besoins qui ne sont pas satisfaits ;

- Je me fixe des objectifs pour satisfaire mes besoins qui ne le sont pas. Pour cela, je mets en place des rituels. Une fois satisfaite, je fais preuve de gratitude (devant les effets concrets dans ma vie) et ressens pleinement le contentement.

Je suis zen (en toutes circonstances !)

Zen comme mon chat, pour être précise ! Ah, merci Osiris pour tous ces exercices que tu me conseilles.

Exercice pour prendre du recul

1. Assise ou allongée, je ferme les yeux. Je me concentre sur mon corps.
2. Je dessine ses contours dans mon esprit et prends conscience de la place qu'il occupe dans l'espace.
3. Peu à peu, je « dézoome ». Je me visualise dans la pièce, puis dans la maison, dans la rue, dans le quartier, dans la ville, la région, le pays, le continent. Puis sur la Terre… et dans l'univers.
4. Je respire profondément, puis je fais le chemin inverse. Je ressens chaque zone de mon corps.
5. J'attends quelques instants et rouvre les yeux.

Exercice pour détendre ses épaules et oxygéner le cerveau

1. Je me redresse et prends trois grandes respirations.

2. Je soulève les épaules en inspirant, puis je les relâche d'un coup en expirant. Je le fais quatre fois.

Je souris !

Quand j'observe Osiris, il me semble parfois voir apparaître un sourire. Je vous assure, mon chat sourit ! Sourit-il parce qu'il est heureux ou est-il heureux parce qu'il sourit ? Ah, assez philosophique comme question ! Ce qui est sûr, c'est qu' arborer un sourire sincère a des répercussions sur notre corps et notre mental. Des réactions bénéfiques pour notre bonheur durable. Et il est contagieux, ce sourire ! Il a même des pouvoirs magiques, ceux d'encourager, aimer, apaiser, réconforter, tisser des liens profonds. Le donner rend heureux, le recevoir aussi.

La méditation du sourire intérieur

1. Assise confortablement, je respire profondément.
2. J'imagine ensuite que je pose sur mon souffle un sourire.
3. Ce souffle qui sourit va ensuite saluer avec bienveillance chacun de mes organes.
4. J'accueille ces sourires et le sentiment de bienveillance qui envahit mon corps.
5. Je termine par une grande inspiration puis expiration.

CHAPITRE 20

Mon chat aime la nuit

Quelques pensées

Ces longues phases d'observation de mon chat n'ont pas été de tout repos... Comme le soir je suis très fatiguée et que, je suis une grosse dormeuse, j'ai volontairement (et lâchement !) nié qu'Osiris aime sortir la nuit et que tous les chats vivent la nuit. Les chats dorment beaucoup (voir chapitre 1), mais pas forcément la nuit ! Et pour cause, leurs yeux sont capables d'y voir clair et l'atmosphère de la nuit, où que ce soit (en ville, en forêt), semble mieux leur convenir : l'homme y est plus rare et les animaux, plus présents... Osiris est, à proportions égales, attiré par la nuit comme par le jour. L'une et l'autre, pour lui, se muent en « espaces ».

La nuit, le chat ressent le désir obscur de retourner à ses origines. Il chasse, principalement. Il redevient bête sauvage. Nous ne sommes pas si différents, la chaîne qui nous relie au chat est longue, mais solide. Si nous nous écoutions, n'explorerions-nous pas davantage l'obscurité et le mystère de la nuit ? J'aimerais écouter cette petite voix, mais comment faire ?

Ma vie en un peu plus chat

Coucou, c'est moi !
Ci-dessous, quelques idées pour vibrer aux sons de la nuit... Vraiment, essaie, c'est tellement intense... Je sais, c'est totalement contraire à ce que je t'ai dit précédemment sur l'importance du sommeil ! Mais, la contradiction est sans doute un des ingrédients du bonheur !

Love,

Osiris

(Pardon, pour le style, j'ai dû faire vite.)

- Idée n° 1
  Sors de ta zone de confort et passe une nuit à la belle étoile ! Pourquoi pas organiser un week-end camping sauvage en famille ou avec des amis ? Ahhhh, dormir à la belle étoile, le rêve de l'enfant que l'adulte oublie trop souvent. Nous, les chats, nous ne l'oublions jamais. Quelle sensation que celle de dormir dehors dans

les bras immenses de l'univers, d'entendre des bruits de nature ancestraux qui résonnent au plus profond de notre âme. Quelle époustouflante expérience que de s'endormir sous un manteau d'étoiles. Puissante et accessible à chacun ! Il suffit juste un peu de volonté et de courage ! N'oublie pas que cette nuit à la belle étoile peut se faire dans ton jardin. Il n'y a pas de petite reconnexion à la nature !

- Idée n° 2
  Allonge-toi dans ton jardin la nuit venue et observe. La Lune, les étoiles... Expérience saisissante, puissante et quasi mystique. Moi, quand je fais ça, j'ai l'impression d'être relié à l'univers, pas toi ?

Conclusion de l'étude menée sur le sujet nommé Osiris, *alias* « mon chat d'amour »

Tous ces jours derniers, j'ai essayé de percer le mystère du bonheur de mon chat adoré, Osiris. Il m'a apporté une aide bien précieuse : ses mots durant nos diverses conversations. Étrange phénomène quand un chat prend la parole...

Ici doivent donc être rassemblées mes conclusions sur ces jours que j'ai passés à essayer de percer le mystère des chats et en même temps, bien sûr, celui de l'existence, de mon existence. Je crois avoir essayé de ne jamais me mettre « à la place » d'Osiris. Mon but n'était pas de « copier » le chat ni d'interpréter ses actions, mais de voir comment il était possible de transposer certains de ses rituels ou certaines leçons que j'ai apprises en l'observant et en discutant avec lui.

Mon chat m'a chaque jour appris à vivre et je garde ce secret du bonheur qui réside dans la permanente jouissance d'un présent rendu pleinement conscient dans l'ici et maintenant. J'ai enfin compris cette notion, je l'ai éprouvée.

Mon chat m'a rappelé l'importance de la curiosité, de l'exercice physique, du sommeil, de la nature.

Mon chat m'a poussée à méditer, à marcher dans la forêt, à contempler les étoiles, à m'étirer.

Mon chat m'a parlé de l'importance du sommeil, de la joie du minimalisme et de l'excitation à vivre la nuit.

Il paraît que les gens qui ont un chat vivent plus longtemps, ce sont des études américaines qui le disent. Toujours cette histoire d'hormones bienfaisantes libérées dans notre corps en leur présence. Vivre plus longtemps, d'accord, pourquoi pas, mais, maintenant, grâce à mon chat, grâce aux chats, j'ai appris une chose bien plus grande : j'ai appris à vivre mieux.

Je n'ose pas y croire, mais je dois avouer que des lignes bougent en moi. Des choses tangibles changent (le regain d'énergie est frappant, le calme intérieur entre peu à peu dans ma vie, je comprends enfin ce qu'est le moment présent, je suis plus créative...), mais aussi des choses plus subtiles qui prendraient la forme d'un rapport à la vie différent, d'une confiance dans le Grand Tout, d'un appétit pour la vie revigoré. Merci pour ces leçons de sagesse, merci pour tous ces petits rituels de bonheur que tu m'as poussée à faire. Merci Osiris. Merci (oui, la gratitude, c'est important ! – voir chapitre 19) !

Avec leur beauté, leur grâce, leur indépendance, leur volonté opiniâtre, les chats sont le modèle de ce que l'être humain devrait être.

Joyce Carol Oates, préface à l'anthologie
The Sophisticated Cat